任正非思维

华为取胜的关键之道

叶光森◎编著　　陈 润◎主编

团结出版社

图书在版编目（CIP）数据

任正非思维 / 叶光森编著 . -- 北京：团结出版社,2020.11
ISBN 978-7-5126-8291-7

Ⅰ .①任… Ⅱ .①叶… Ⅲ .①任正非－传记 Ⅳ .① K825.38

中国版本图书馆 CIP 数据核字 (2020) 第 181733 号

任正非思维

叶光森 编著

出　　版：	团结出版社	
	（北京市东城区东皇城根南街84号　邮编：100006）	
责任编辑：	郑 纪	
电　　话：	（010）65228880	
发　　行：	（010）51393396	
网　　址：	http://www.tjpress.com	
E－mail：	65244790@163.com	
经　　销：	全国新华书店	
印　　刷：	三河市龙大印装有限公司	
开　　本：	145×210　1/32	
印　　张：	6.5	
字　　数：	160千字	
版　　次：	2020年11月第1版	
印　　次：	2020年11月第1次印刷	
书　　号：	978-7-5126-8291-7	
定　　价：	59.00元	

丛书序

为标杆立传：重塑企业家精神，推动中国商业进步

在我们一生中，总会遇到那么一个人，用自己的智慧之光、精神之光，照亮我们人生的道路。

我从事企业传记写作、出版已有10多年，在访谈企业家、创业者的时候，我通常会问两个问题：谁对你影响最大？哪本书令你受益匪浅？答案往往是某位标杆企业家及其传记作品。可以说，很多企业家都曾深受成功前辈企业家传记的影响，他们以偶像为标杆，完成自我认知、自我突破、自我进化，在对标中寻找坐标，在蜕变中加速成长。

人们常说，选择比努力更重要，而选择正确与否取决于认知。决定人生命运的关键选择就那么几次，大多数人不具备做出关键抉择的正确认知，然后要花很多年为当初的错误决定买单。对于创业者、管理者来说，阅读成功企业家传记是形成方法论、构建学习力、完成认知跃迁的最佳捷径，越早越好。

无论个人还是企业，不同的个体、组织有不同的基因和命运。对于个人来说，要有思想、灵魂，才能活得明白，取得成功。对于企业而言，要有愿景、使命、价值观，才能做大做强，基业长青。世间万物，皆有"灵魂"。每个企业出生时都有"灵魂"，但发展壮大以后就容易被忽视。企业的灵魂人物是创始人，他给企业创造的最大财富是企业家精神；管理的核心是管理愿景、使命、价值观，我们通常概括为企业文化。

有远见的企业家重视"灵魂",其中效率最高、成本最低的方式是写作企业家传记和企业史,前者重塑企业家精神,后者提炼企业文化,以此找到企业复兴之路。

"立德、立功、立言",这是儒家追求,也是人生大道。在过去10年间,我所创办的润商文化秉承"以史明道,以道润商"的使命,汇聚一大批专家学者、财经作家、媒体精英,专注于企业传记定制出版和传播服务,为标杆企业立传。我们为华润、招商局金融、戴尔中国、用友、卓尔、光威等数十家著名企业提供知识服务,策划出版过全球商业史系列、世界财富家族系列、中国著名企业家传记系列等近百部具有影响力的作品,还将部分优秀作品版权输出海外,堪称最了解中国本土企业实践和理论模型的知识服务机构之一。

正是出于重塑企业家精神、构建商业文明的专业研究精神和时代使命感、责任感,当我提出策划出版"中国著名企业家传记"丛书的倡议之后,得到团结出版社的大力支持。2019年初,我们启动"中国著名企业家传记"丛书的学术研究和出版工程。

为了高标准、高品质打造精品,我们聚集业内知名财经作家组建研究团队,进行专题研究和创作,陆续出版了李嘉诚、任正非、马云、雷军、董明珠、彭蕾等企业家传记作品,面世后深受读者欢迎,一版再版。2020年,我们继续完成王兴、张一鸣、黄峥、周鸿祎、曹德旺、段永平等企业家传记作品,为企业家立言,为企业立命,为中国商业立标杆。

一直以来,我们致力于为有思想的企业提升价值,为有价值的企业传播思想。作为中国商业观察者、记录者、传播者,我们将聚焦于更多标杆企业、行业龙头、区域领导品牌、高成长型创新公司等有价值的企业,将"中国著名企业家传记"丛书不断完善,重塑企业家精神,传播企业品牌价值,推动中国商业进步。

通过"中国著名企业家传记"丛书的调查研究和出版工程，我们意在为更多企业家、创业者提供前行的智慧和力量，为读者在喧嚣浮华的时代打开一扇希望之窗：

在这个美好时代，每个人都可以通过奋斗和努力，成为想成为的那个自己。

"中国著名企业家传记"丛书主编

陈润

2020年9月12日

序

任正非怎样升级思维？

美国白宫前首席战略顾问史蒂夫·班农曾表示："干掉华为比达成中美协议重要十倍。"南非总统拉马福萨实话实说："很明显，美国嫉妒一家名叫华为的中国公司超过了他们。"

尽管因为拥有世界第一的5G技术，而遭到世界第一强国的全力打压，华为在2019年仍然实现全球销售收入8588亿元，同比增长了19.1%，实现净利润627亿元，这无疑是一个惊人的成就。这份成绩单完全配得上下面这些高度评价：

"我觉得华为是全球未来技术发展的中心。"

——数字时代三大思想家之一乔治·吉尔德

"他就是新世界。"

——法国《观点》周刊评价任正非

"尽管我认识的世界级学者一律智商高，用功，分析力强，但算上事业的难度论高下，我们没有一个比得上任正非先生。""在中国的悠久历史上，算得上是科学天才的有一个杨振宁，算得上是商业天才的有一个任正非。其他的天才虽然无数，但恐怕不容易写进史书去。"

——经济学家张五常

2018年起，华为的年收入超过1000亿美元，任正非坚定地把其中的150亿到200亿美元投入到研发上，同时华为员工的收入也比国外同行高，在这样的巨额开销下，华为还能有大约9%的利润。

相比之下，同为全球四大通信设备商的爱立信，2018年的收入才275亿美元，净利润是负的；另一个通讯巨头诺基亚2018年的收入是225.6亿欧元，亏损3.4亿欧元。

由于之前的种种制裁措施都没用，美国政府拿出了让很多人大跌眼镜的终极招数——2020年9月15日，华为在美国政府的最新禁令下，无法从第三方获得芯片。台积电、联发科、美光、三星、联咏以及旺宏等华为的多家芯片供应商，纷纷向美方提交了供货申请。AMD和英特尔表示拿到了向华为笔记本电脑供应芯片的批文。

假设美国政府就是坚持不批准这些企业给华为供应手机芯片，华为的手机业务在囤积的芯片用完之后，就有无货可供、业务停顿的风险。

那华为会因此垮掉吗？我们来梳理一下华为的业务线：

光是通信运营商业务，华为每年的收入就有大约3000亿，仅此一项，就能让华为继续入围世界500强企业；

华为手机、华为海思的芯片哪怕几年后没法再生产了，也可以对中国厂商技术出售或授权使用，这能带来大笔收入，华为高度自动化的智能制造工厂，如果不能生产自己的手机了，那时完全可以给其他企业提供制造代工服务；

华为的鸿蒙操作系统，在物联网时代前途无量，不仅华为自己的手机和电脑在用，还有美的、九阳、老板、长虹等知名家电厂商的产品在用，此外华为还在努力突破汽车行业，为汽车厂家提供软件操作系统；

华为在潜力巨大的云计算和人工智能领域，也有相当强的技术积累,业务发展非常迅猛……

除了自力更生,华为也重视统一战线工作。2020年三季度,任正非相继访问上海交大、复旦大学、东南大学、南京大学等高校,以及中科院这一世界顶级科研机构,加强与他们的合作,协同突破中国信息产业的"卡脖子"技术。

十年之后,我们将看到一个比现在强大得多的华为。正如任正非在内部讲话中所说:"极端困难的外部条件,会把我们逼向世界第一!"

作家万维钢参观华为后,感叹道:"如果你有如此强大的力量,你必须有一个同样强大的思想。"

企业家必须有前瞻性。任正非的强大思维是公认的,来看一个小案例。华为早期员工回忆:"很早的时候任正非就给我们讲理想,他说终有一天我们的收入会超过香港人。那时候我们的待遇是一个月300元人民币,香港人一个月的收入是1万港元,我们就想怎么可能超过呢!后来果真超过了。任正非说:'你们以后一定会很有钱,就发愁怎么在阳台上晒钱了。'"

任正非不仅自己重视提升思维,他还经常在给公司管理层讲话时,强调思维升级的重要性:

"我让大家看看诺曼底登陆,涉及三百万盟军渡过英吉利海峡,还要造港口等这么多系统工程,才体现战略胜利。但是华为缺少思想家、战略家,很多人都想去作战,一手拿枪、一手拿镐,猛打猛冲。我们梳理出战略沙盘68个战略机会点时,就发现缺少攻占战略机会点的指挥官。因此战略机会点拿不下来,其实跟我们的知识结构、思维结构、组织结构等没有做战略定位有关。"

"华为要产生越来越多的大思维家、战略家,今天若不培养,到大数据时,战略机会点就可能会一个个丢掉。我们公司为什么缺少系统性思维?因为是从小的游击战打过来的,提拔的都是务实的人,没有对务虚的人给予肯定,我们要转换,慢慢从人力资源机制中也要形成培养战略家、思想家的土壤。"

那么怎样成为战略家、思想家呢?

任正非要求华为高管们要有"宽文化背景"。他说:"未来公司需要什么样的干部?我认为未来公司需要的管理干部是对市场有深刻体验和宽文化背景的人。宽文化背景怎么理解?'大杂烩',什么都懂一点。要成为高级干部都要有宽文化背景,干部要进行必要的循环,这是宽文化学习的好机会。"

任正非也这样要求公司的秘书们:"读的书多了,杂了,文化背景深厚了,同时在实践中又时常面对和处理各种复杂情形,一般来说,一个人的思维方式就会变得系统和多元,而不是简单和机械,不是形而上的黑白分明。领导者最可贵的就是灰度思维。"

管理者要有"宽文化背景"是任正非的切切体会,他很强调"功夫在诗外",管理者除了看管理书,还要广泛涉猎和阅读各学科、各领域,不然思想不足以进入较高的境界。任正非读过大量的历史、哲学、军事、政治、科学类读物。

任正非深受中国文化滋养。在创业早期,他经常对员工说他最崇拜两个人:一位是能忍受"胯下之辱"的韩信,因为一个人必须能忍受巨大的挫折与委屈,才有可能成功;另外一位是京剧《沙家浜》中开茶馆的阿庆嫂,因为她的客户意识最好,"摆开八仙桌,招待十六方",给客户服务的最好。他通过这些故事来启发员工提高服务意识。

任正非连看电视剧《大秦帝国》,也能从中领悟出:"商鞅变法的路子是对的,可惜太激进了,变革不能太激进,会人为地增加变革的成本。"

华为顾问吴春波教授,总结过任正非的学习对象有多么广泛:

华为向外国学习：英国的制度、美国的创新、日本的精益、德国的规范。

华为向我们党学习：八项规定、自我批判、多劳多得。

向军队学习：上甘岭、呼唤炮火、西点军校、铁三角。

向企业学习：学海底捞、学顺丰快递。

向动物学习：狼性、狮群、蜘蛛、蚂蚁。

向植物学习：薇甘菊。

向建筑学习：都江堰、罗马花园、长城。

向影视学习、向书刊学习、向员工学习、向杂家学习……

任正非基本上就是拿来主义，然后在其基础上创新，他是学习型人才，企业家就是要终身学习的。

华为的管理模式，是"拿来主义"的典范。任正非既学习我们党和军队，因为"共产党也好，解放军也好，在组织管理上与企业有很大的互通性"（周其仁语）；也学西方管理，从1998年到2008年，任正非在总结自身实践的《华为基本法》基础上，请了IBM（国际商业机器公司）、Hey Group（合益集团）、埃森哲、PwC（普华永道）、FhG（德国国家应用研究院）等西方咨询公司，对标学习IBM、朗讯、思科、惠普、爱立信等企业，系统学习了西方大公司的先进管理模式。

以上学习成果，除了来自任正非多年积累的"宽文化背景"，还有不少是他跟各路高手交流时学到的。任正非推崇"一杯咖啡吸收宇宙能量"，倡导开放的思想交流与智慧碰撞。

经济学家周其仁说："记得一次和任正非在瑞士达沃斯见面，我注意到他不去听会，而是在小镇旁边租下一座会所，川流不息地见全球各界顶尖人物。任正非虽然不跟国内的企业家打交道，但是全球最顶尖的企业家，他一个一个地拜访，高手带给他压力，让他谦虚、进步。"

任正非请了几位教授做顾问，他们的办公室和任正非办公室紧挨着，任正非一有时间就跟教授们泡在一起辩论问题。有时候任正非跟教授拍桌子，辩论完他走了，隔了一会，他又晃回来跟教授聊，教授们发现，刚才自己批判他的观点，已经变成任正非的了，而且从他口里说出来，比自己的水平更高、更有质量！

彭剑锋教授因此说，任总经常"血洗"他们这些人大教授的观点。任正非看到了这篇报道，说："彭剑锋讲得对，我就是要'血洗'他们的知识！"——"洗"过之后的知识就成了任正非自己的知识。

彭剑锋在文章《任正非的学习与"血洗"》中总结道："任总当年从部队回来，当时格局多高？没有后来那么开阔，雄心也没有像后来那么大。这给人什么希望呢？格局也好、胸怀也好、企业家精神也好，能不能学？其实最难学的东西也是可以学的，靠什么学？就是见贤。靠近厉害的人，你就会变得厉害起来，没想法也会变得有想法，小想法会变成大想法。"

吴春波教授分析过任正非的认知来源：读万卷书、行万里路、与万人谈，以及"干一件事"——三十多年经营一家公司，深耕一个行业，实践出真知。

在学习西方管理和我们党管理的实践基础上，近十来年，任正非推行了不少管理创新，例如"获取分享制""一线呼唤炮火，后方全力支持""少将连长""轮值CEO制度""灰度管理"等。

"实践出真知"的关键，是要具备反省精神。任正非说："自我批判是无止境的，就如活到老学到老一样，陪伴我们终身。学到老就是自我批判到老，学了干什么，就是使自己进步。什么叫进步？就是改正昨天的不正确。"

通过"读万卷书、行万里路"来打造"宽文化背景"，抓住机会向各界顶尖人物交流学习，不断反省自身的实践，努力做到这三点，我们也能像任正非那样，持续升级自己的思维，做成不凡的事业。

目 录

PART 1 终局思维：以终为始，方成赢家

一、华为咬定5G不放松：抢占兵家必争的战略高地 / 007
　　1. 华为5G有多牛？ / 008
　　2. 任正非：5G作为底层技术，是"珠穆朗玛峰" / 010
　　3. 看得见的未来：4G改变生活，5G改变社会 / 012
　　4. 5G带来数十万亿美元财富，你有能力参与分享吗？ / 018

二、找准核心竞争力：以科技实力领先来赢得终局 / 022
　　1. 结硬寨，打呆仗：用科技硬实力横扫四方 / 023
　　2. 以如果失败就跳楼自杀的决心攻克芯片 / 027
　　3. 谋划已久的物联网之战：以鸿蒙操作系统一统江湖 / 031
　　4. 从历史看未来：人类进化史，即科技进步史 / 035
　　5. 从贸易立国到科技立国 / 041

三、真正的大局：产业竞争靠科技，科技发展靠教育 / 049
　　1. 要和西方竞技，唯有踏踏实实用五六十年或者百年时间振兴教育 / 051

2. 中国要从孩子们的大脑里,挖出大森林、
   大油田、大煤矿 / 052
3. 要让最优秀的人才得到高薪,愿意去当老师 / 056
4. 教育改革的必要性:人工智能必将引发工作革命 / 059
5. 面向人工智能时代,我们怎样教育孩子? / 063

四、培养定力:终局思维需要抗拒短期诱惑 / 066
   1. 全球通信行业沉浮录 / 066
   2. 任正非坚持不上市,不被资本绑架 / 070
   3. 用远大目标教育高级干部 / 074

PART 2 物理思维:以耗散结构对抗死亡规律

一、熵增定律:任正非为何坚持对外开放? / 083
   1. 企业发展的自然倾向,是从井然有序走向混乱无序 / 083
   2. 出路在于耗散结构:远离平衡的开放系统 / 084

二、炸开金字塔尖,共同探索战略方向 / 088
   1. 任正非的企业成功"两点论" / 088
   2. 用决策的开放性保障战略方向的正确性 / 090
   3. 只有依靠集体智慧才会有未来 / 094

三、华为的研发战略:立足于开放的自主创新 / 096
   1. 企业科研术业有专攻,要和世界达成互补性的关系 / 099
   2. 用高薪锁定全球的天才资源 / 102
   3. 借鉴美国《拜杜法案》,资助各国大学搞科研 / 112

4. 创新需要解放思想：从竞争思维到开放学习、
   合作共赢 / 114

四、保持组织活力的关键：耗散能量，拉开差距 / 119
   1. 多劳多得，拉开差距 / 119
   2. 想当华为 CEO，先去非洲从基层干起 / 122
   3. 耗散掉现有优势：花 300 多亿请咨询公司
      升级流程与制度 / 128

五、灰度思维：世界一分为三，除了黑白，中间还有灰 / 132
   1. 组建"蓝军"：宽容是领导者的成功之道 / 134
   2. 任正非强调宽容，源于刻骨铭心的经历 / 141
   3. 方向要坚定，方法可妥协 / 145

PART 3 军事思维：文化价值观带来最强生命力

一、十四年军旅生涯，打下了深刻的军事思维烙印 / 150
   1. 因为经历，所以体会深刻 / 150
   2. 终身学习、实践并向他人推荐 / 151

二、打造强有力的组织，因应"黑天鹅时代" / 153
   1. 背景：高铁网、互联网与全球化，世事越来越无常 / 153
   2. 应对（1）："支部建在连上"：强化组织能力
      是王道 / 155
   3. 应对（2）：给客户创造价值，重建企业与客户的
      血肉联系 / 157
   4. 任正非的组织观和客户观 / 159

三、高扬理想使命,带领企业乘风破浪 / 162
    1. 对比(1):阿里志愿者 / 163
    2. 对比(2):文化价值观落地是个系统工程 / 165
    3. 任正非深信理想使命的力量:站到世界最高点 / 169

四、打造军队般的命运共同体 / 175
    1. 利出于一孔:专注集体利益 / 175
    2. 自古名将多爱兵:员工是战友 / 179

五、学习党和军队的优良传统:自我批判 / 182
    1. 以自我批判实现熵减 / 183
    2. 只有强者才会自我批判,也只有自我批判才会成为强者 / 186

参考文献 / 189

PART 1

终局思维：以终为始，方成赢家

华为的芯片部门"海思"隐名埋名、默默奋斗了十几年之后，终于在2019年与美国的科技战中大放光彩，为保卫公司的生存与发展立下了汗马功劳。

这是"以终为始"的经典案例，当一个人或一个组织对一件事的终局有了清晰的判断之后，就要根据这个终局来做今天的决策。

任正非曾回忆华为至关重要的一次决策:"2002—2003年的时候,也是我们公司发展的转折点。我们知道会慢慢爬上一个很高的高峰,当然,我们可能从北坡爬,北坡陡一点儿、困难一点儿,我们也没多少钱,带不了多少干粮;另外一个队从南坡爬,他们不仅有牛肉罐头、咖啡,还带有睡袋。两队爬到山顶相遇时,是会有矛盾的,也许会有激烈冲突的,我们判断华为会输,所以,我们在2003年时就准备用100亿美元把华为卖给一家美国公司。我们已经完成了所有的交易,签完了所有合同,双方团队都穿上花衣服,在沙滩上比赛跑步、打乒乓球,庆祝这个伟大的交易成功。但是在那个星期,这家美国公司的董事会发生了变化,换了一个董事长,新董事长否决了这个交易。很多年以后,爱立信CEO(首席执行官)告诉我,那家美国公司第二号人物见他时,说起这件事都哭了,他认为失去了一个这么好的机会。因为我们知道要与美国在高峰上相遇,所以准备戴一顶美国的'牛仔帽','牛仔帽'下面是中国人干活,避开和美国的尖锐矛盾,可惜这件事情没做成功。"

"我们高层领导再次讨论这件事情的时候,大概是2003年左右,我们讨论还要不要出售公司。少壮派一致否定出售。我跟他们讲：'那十年以后，我们要面临与美国的激烈冲突，要有思想准备。'从那时开始，我们就有了'备胎计划'，数千人隐姓埋名。他们每次都跟我抱怨，说公司不重视他们，看到别人都风光，唯有他们不风光，说明他们对'备胎计划'还是不理解的。我问他们：'工资奖金受影响了吗？''没有。'那就行了。"[1]

华为的芯片部门"海思"隐姓埋名、默默奋斗了十几年之后，终于在2019年与美国的科技战中大放光彩，为保卫公司的生存与发展立下了汗马功劳。

这是"以终为始"的经典案例，当一个人或一个组织对一件事的终局有了清晰的判断之后，就要根据这个终局来做今天的决策。

今天我们已经可以清晰地看到一个关系到所有人、所有企业、所有国家的终局。

从1979年到2019年的40年，是"水泥经济"飞速发展的时期。所谓"水泥经济"，简单来说，就是工业化＋城市化，以"中国制造"为基础的对外贸易，以及基础设施和房地产行业，是中国经济的顶梁柱。

接下来的30年，是信息化深度发展的时期，"鼠标经济"将成为时代主流。所谓"鼠标经济"，是指"云管端"通信体系（云计算，5G、6G，智能终端如手机）、物联网、人工智能等信息产业。

我们曾在哲学课上学过，主要矛盾在事物发展过程中起决定性

---

[1] 任正非：《我们一家都喜欢日本》，载《东方新报》，2019-06-01

作用,"抓住了主要矛盾,一切问题就迎刃而解了"。那么未来经济发展的主要矛盾是什么？中美两国的核心智库都将新一代信息技术视为未来经济发展的核心内容。

2013年5月,美国麦肯锡全球研究院对上百项重要技术进行了筛选,分析了正在迅猛发展、具有广泛影响且未来经济影响显著的12项颠覆性技术,其中超过一半是新一代信息技术,包括移动互联网、知识工作自动化、物联网、云计算、先进机器人、自动驾驶汽车、3D打印技术。麦肯锡量化了应用这12项技术所能创造的价值,到2025年,它们对全球经济的直接影响将达到14万亿—33万亿美元。

中国国务院发展研究中心有着相似的观点,其对新工业革命作出了"一主多翼"的判断:"一主"是指新工业革命的主要驱动力量是新一代信息技术的深度应用和全面应用;"多翼"是指新一代信息技术的发展与新能源、新材料和生物科技等诸多领域的技术进步相协同,呈现出融合创新、全面发展的态势。

举一个例子,这些年世界各国在新材料领域发展缓慢,因为大家基本都是通过堆砌实验、不断重复次数的笨办法来创造新材料的。5G时代大数据和人工智能的蓬勃发展,将带来研究方法的革命,科学家们能够更高效地研发新材料。中国拥有无数高校和企业积累的大量实验数据,将获得弯道超车、后来者居上的历史性机遇。

这是以新一代信息技术这一主要矛盾的突破,来解决新材料研发这一次要矛盾。

再举一个例子,新一代信息技术如何解决医药研发这一次要矛盾。

2019年7月5日，全球首个人工智能设计药物"涡轮增压"进入人体试验阶段，这是用于治疗流感的疫苗，开发用时仅两年。研究者利用一套"萨姆"算法，根据历史案例、数据进行"学习"，同时通过"虚拟化合物"程序进行协同设计，明显加快了药物的研究速度，并极大地减少了人力成本。

可见，即便在我们印象中最高端的科技研发领域，人工智能也大有用武之地。国务院发展研究中心指出：如果说工业革命拓展了人类体力，通过大规模工厂化生产创造出惊人的物质财富，那么，新一轮信息革命正在空前地增强人类脑力，带来生产力又一次质的飞跃。[1] 这句话道出了"鼠标经济"的本质。

任正非看清了未来30年的终局，华为因此定力十足，致力于为"鼠标经济"提供最好的基础设施。今天的中国人和中国企业可以立足于这一基础设施之上，同样用"以终为始"的终局思维，进行教育、就业、投资、创业等方面的重大抉择，从而锁定未来的胜局。

能否抓住这一轮"华为红利"，将是无数个人与企业前途的分水岭。

---

[1] 赵昌文：《认识和把握新一轮信息革命浪潮》，载《人民日报》，2019-06-18

一、华为咬定5G不放松：抢占兵家必争的战略高地

最近两年来，美国政府对华为步步紧逼：2018年，美国政府授意加拿大扣留华为首席财务官、任正非之女孟晚舟；2019年，美国宣布进入国家紧急状态，禁止华为在未经美国政府批准的情况下，从美国企业购买零部件和技术。为什么美国政府对华为有如此激烈的反应呢？

来看一个意味深长的历史故事。1905年，英国国王爱德华七世向他的政府官员发问："为什么英国人对德国一贯表现出不友好的态度？"之所以有此一问，是因为德皇威廉二世是爱德华七世的侄子，两国元首沾亲带故，关系却搞得这么僵，让他觉得很奇怪。英国外交部的资深德国问题专家克劳用了一年时间写出外交史上的杰作《克劳备忘录》，以回答国王的问题，他的结论是："德国的意图并不重要，其实力才至关重要。"

任正非对美国抱有极大的善意，华为与美国的很多供应商关系良好，但仍因为日益增长的实力，华为受到了美国政府的全力打压。

1. 华为 5G 有多牛？

华为是全球第一大通信设备供应商，截至 2018 年底，其拥有的 5G 标准必要专利数量为 1970 件（占比 17%），位列全球第一。任正非认为："在 5G 技术方面，别人两三年肯定追不上华为。"

关于华为的 5G 技术优势，任正非做过如下表述：

> （华为的）5G 基站只有一点点大，20 公斤，就像装文件的手提箱那么大，不需要铁塔了，可以随意地装在杆子上，挂在墙上；我们还有耐腐蚀材料，几十年不会腐蚀，以后 5G 基站甚至装在下水道里，这是非常适合人类需求的。
>
> 这样的方便对欧洲最适合，欧洲有非常老的城区，不能像中国、美国这样安装大铁塔。如果到处建大铁塔，要花很多钱，施工时需要大吊车才能吊上去安装。不仅是铁塔，以前的基站大，需要吊车，把吊车开进去还需要封路。现在 5G 基站我们用人手提就上去了，因此很简单。在欧洲，我们一个基站的工程交付费用可以降低一万欧元，而且维护也非常简单。

华为的 5G 通信设备不仅适合欧洲，也适合美国市场，任正非介绍道：

> 将来我们有一种新的设备是非常适合美国的，比如说 5G 是全世界我们做得最好，微波全世界我们做得最好，我们微波是

毫米波，天线也只有盘子这么大，两个设备合在一起，就能对美国别墅区提供超宽带的服务。微波能传100G，5G基站能传10G，它们叠在一起，就可以对美国的别墅区提供超宽带服务。

美国别墅区为什么得不到宽带服务呢？美国土地是私有的，到每家的光纤要穿过每家土地的时候，要进行谈判，这个谈判过程很复杂，光纤就很难穿过去，光纤不能到每家。很多富有的人享受不到8K的电视，中国现在4K了，美国还没有4K，日本是8K了。将来用我们这个设备，只要一个铁棒立起来，就可以覆盖几公里内的所有豪宅。我们这个设备，可能世界上没有别的国家可以做出来，没有别的公司可以做出来。将来我们可以卖给美国，只要美国那个时候喜欢我们。

5G网络的建设，绕不开成本问题。华为5G，不仅东西足够好，还能够提供超大的网络容量，使运营商建网的每比特成本降低到原来的10%。

华为CMO（首席营销官）朱慧敏介绍了华为5G产品显著的网络能耗效率提升：

"在运营商的5G站点中，我们通过对比5G 64TRx Massive MIMO与4G 4T4R RRU发现，两者能耗分别是810W和685W，基本上是在一个数量级，但是两者提供的小区容量分别是每秒10G和每秒300M，前者是后者的30多倍。所以总结来看，5G单模块、单站点的功耗比4G多10%-20%，但是小区容量却提升了30多倍，即5G基站设备相比4G基站设备的能效切实提升了20—30倍。"

先进的技术使得任正非充满信心。2019年7月,在谈到华为的5G市场竞争对手诺基亚、爱立信时,任正非强调,华为5G设备和它们相比,价格要贵很多,"但我们同样一件东西能给客户带来更大的价值"。

任正非预计,绝大多数欧洲客户没问题,"因为只有华为提供的东西是最先进、最具有实际价值的,客户经历了20多年的合作,他们不会随意听(美国)几句话就放弃我们"。

2019年G20大阪峰会开幕前夕,欧洲国家塞尔维亚的社会党副主席奥布拉多维奇表示:"美国人问我,你们还与华为合作吗?不担心信息被中国控制吗?我说,为什么不合作?我说,我们原来不知道中国的5G技术是最先进的,直到你们打压中国企业,我们才明白中国已经超越了你们。"[1]

2. 任正非:5G作为底层技术,是"珠穆朗玛峰"

2019年4月12日,特朗普在白宫发表电视讲话,声称5G竞赛是一场美国必须赢的比赛,美国不能允许有其他国家在5G领域超过他们,他甚至直言不讳地用"敌人"(enemy)来称呼美国的竞争者。

《纽约时报》文章称:美国政府已将中美对5G"控制权"的竞争定义为新的"军备竞赛",认为谁控制了5G,谁就能在经济、军事和情报上领先。

---

[1] 央视《新闻联播》,2019-06-26

美国政府的判断与美国学术界是一致的。

世界创新实验室的管理合伙人罗伯·蒂斯认为:"5G带来的变化不亚于当年从电话拨号上网时代向DSL(数字用户线路,优势是低成本并极大提升网速)的转变,也会对世界带来同样巨大的影响。"科尔尼管理咨询公司2018年发布了一份调查报告《5G及其背后的美国国家战略》,报告指出,影响未来制造业的五大核心技术——人工智能、物联网、高级机器人、增材制造和增强现实与虚拟现实,都具有变革性和颠覆性。它们作用在一起,将会完全颠覆传统的商业模式、通信方式乃至全球经济结构。但是这些技术都依赖于5G这一底层技术。

任正非则把5G形容为兵家必争的战略高地:"网络联接部门是主战部门,将来销售额不一定是最高的,因为'珠穆朗玛峰'可能容纳不了这么多产值,但是'珠穆朗玛峰'对世界意义很大,是一个战略高地。美国就是为了争夺战略高地,争夺不到,所以使用行政手段。"

任正非说上面这番话是有依据的:"有一本书《美国陷阱》,阿尔斯通先进了,(美国)打阿尔斯通;东芝先进了,不是也打东芝吗?日本有切身体会。"[1]

2019年3月7日,华为在其深圳总部正式对美国政府提起诉讼,请求美国法院判决"华为禁售令"违反该国宪法。7月3日,作为辩方的美国政府,要求法院拒绝受理此案。根据《纽约时报》披露的消息,

---

[1]《与任正非对谈纪要:哪怕被打得只剩9000人,也能东山再起》,引自"叶檀财经"公众号。

美国政府竟提出,就算最后美国没证据表明华为曾有"不当行为",也无所谓……美国政府为了赢得这场"军备竞赛",连自我标榜的"法治精神"都可以不要了。

有一位知乎网友评论得很到位:"原来真有很多人不知道这个事情是个什么事情,觉得美国人是来拦一个中国手机制造商。你们完全看错方向了。请大家搞清楚——美国人强迫盟友要求不使用华为的设备,这个设备是手机吗?拜托,华为手机在欧洲卖得到处都是,谁在乎啊?这个设备是5G网络设备啊!为什么拦5G网络设备?因为未来高科技产业都是依附在这个网络上的呀。你以为5G就是为了让你的手机快一点儿吗?不是的呀。5G网络意味着汽车可以依靠这个网络进行更好的自动驾驶,意味着平安城市更快的调度,意味着你身边更广泛的感知及自动语音协助……所有这些下一代技术,都是依靠这个高带宽、低时延、边缘智能、AI内置的网络的呀!打华为是为了打华为吗?是为了打掉中国往这个台阶上走的最强前锋啊!失去了华为,你失去的不是一个手机厂商,你失去的是包括BAT、三大运营商,以及更多相关领域在内的整个产业的进步。你现在还觉得华为可以跪吗?"

3. 看得见的未来:4G改变生活,5G改变社会

通信界有一个流传多年的说法:三流的企业搞产品,二流的企业搞技术,一流的企业搞标准。能够制定出被国际电信联盟认可的全球电信企业都遵循的国际技术标准,说明这家企业已经站在了行业的

巅峰，对行业的发展能起到重要的引领作用。

中国的世界第一地位，首先表现在中国移动、华为等中国企业是5G标准的主导者。

3G和4G时代，全球通信业有三种不同的标准存在，这既增加了运营商的成本，也增加了消费者的支出，因此通信业追求统一的5G标准来降低成本、提高速度。经过全球数十万科学家、工程师十多年的努力，2018年终于形成了世界统一标准。

任正非指出了这项工作的伟大意义："工业革命时期，为什么工业发展的速度不够快？因为当时的铁路在不同国家有各种类型的轨道（宽轨、窄轨、标准轨道……），不能互通就必然会阻挠全球化进程。尽管英国在推行货币统一、语言统一等这些方面做出过贡献，但工业化时代仍没有真正走向全球化，全球化是今天才刚刚开始形成的。所以在信息传输中，我们支持华为和其他公司共同推行新的全球统一标准，让信息在全世界内无阻碍传输，这样才能造福社会和人类。"

截至2019年，全世界5G标准立项并且通过的共有50项，从区域看，中国有21项，欧洲有14项，美国有9项；从企业看，中国移动有10项，华为8项，爱立信6项，高通5项，日本NTT、诺基亚和英特尔都是4项，三星2项，中兴2项。

从中国移动原董事长王建宙的回顾中，我们也可以看出中国的话语权："在国际组织制定标准当中，我们至少有30多个人担任了很重要的职位。每次讨论标准，我们有很大的发言权。"[1]

70后、80后都有印象：1G时代，人们手拿大哥大，只能打电话；2G时代，人们手拿诺基亚，短信说情话；3G时代，手机也能轻松上网；4G时代，抖音、快手小视频随便刷。那么5G呢？我们都听过神曲《五环之歌》，"啊，五环，你比四环多一环"，但5G可不是简简单单比4G多1G。

任正非介绍过5G技术有哪些重大突破："5G的功能容量是4G的20倍以上，是2G的1万倍；耗电每个比特相比4G下降了10倍；体积下降到1/3—1/4，重量只有20公斤，安装不需要铁塔。5G带宽的能量非常大，能提供非常多的高清内容，传播8K电视很简单。宣传上说费用下降了10倍，实际上可以下降100倍，这样老百姓也能看高清电视，文化就会快速提升。国家发展要靠文化、哲学、教育，这是发展国家的基础。因此，5G将改变一个社会。它还有非常短的时延，可以用于工业的很多东西。"

全球通信业公认，5G有三个主要指标：超高速率、超低时延和超高密度。

5G指标一：超高速率——每秒20G的峰值容量。

5G的下载速度可以达到4G的20倍，在4G时代需要几分钟才能下载的高清电影，5G时代只需几秒钟；5G网络下载在线游戏将不

---

[1]王建宙：《5G时代，金融技术将得到更大支撑》，载《界面新闻》，2018-11-09

再有延迟;可以随时随地直接观看 4K 清晰度的电影。

我们常听说的 VR(虚拟现实)在 5G 时代也会有很好的体验,应用范围大大拓展。VR 在 4G 时代曾经一度火热,但很快就凉凉了,因为现在用 VR 的体验是速度慢、效果差,容易让人头晕目眩——VR 需要至少 157M 的速度,只有 5G 时代才能实现。

5G 网速快还可能引发一个重大变局:很多数据和软件可以放到云端(云计算),而且各个终端共用一个云,这意味着电脑主要就剩下屏幕和键盘,电脑厂商以及英特尔这样的相关芯片厂商的业务将会萎缩。

5G 指标二:超低时延——1 毫秒的端到端时延。

一个司机从发现前边有人横穿马路,到脚踩刹车,反应的时间一般是 0.4 秒,也就是 400 毫秒,而 100 毫秒左右的时间,车就会冲出好几十米。美国 Uber 的无人驾驶车曾把一个路人给撞死了,这就是 4G 网络无法做到低时延而导致的。

互联网专家刘兴亮介绍了无人驾驶汽车的具体刹车过程:首先雷达把信号打到车前面的路人身上,路人把这个信号反射回来,无人驾驶车接收到信号以后把它转成电信号,电信号存储到中央处理系统,存储以后再把这个信号拿出来做计算,计算完了得出结论说要刹车,然后再把这个信号传递给刹车系统……

在 5G 时代,无人驾驶汽车只要 1 毫秒就可以完成上述复杂过程,这将极大利好无人驾驶汽车的发展。

"解决时延的问题,是通信系统里面最核心的一个问题。"任正非设想过一个美好的场景：当中国人把5G网络带到世界各地，"那时全世界的音乐家们可以同时演奏一首歌曲，因为时延非常小"。

超低时延用途很广，例如可以实现远程医疗。来看一则报道：2019年7月7日，中国移动助力医院开展了5G远程眼科会诊，北京协和医院眼科主任陈有信远程实时了解患者病情，做出精准诊疗，并成功为远端患者进行了手术治疗。

通信业专家项立刚指出，超低时延在无人机和工业自动化领域有着巨大应用价值：数百架无人驾驶编队飞行，极小的偏差就会导致碰撞和事故，这就需要在极小的时延中，把信息传递给飞行中的无人驾驶飞机；工业自动化过程中，一个机械臂的操作，如果要做到极精细化，保证工作的高品质与精准性，也是需要极小的时延，最及时地做出反应。

5G指标三：超高密度——每平方公里连接100万台设备。

从1G到4G，移动通信的核心是人与人之间的通信，5G的通信不仅仅是人的通信，还包括人与物之间的通信，以及物与物之间的通信，实现万物互联。

5G的用户远不止我们的手机、平板电脑等常见终端，我们穿戴的眼镜、衣服、腰带、鞋子，我们住所的冰箱、空调、洗衣机、门锁、门窗、加湿器、空气净化器，以前非常难管理的公共领域的汽车、停车位、路灯、电线杆、垃圾桶、井盖……都会变成5G的用户，都将实现智能化，这就是我们常听说的"物联网"。

任正非介绍说："大家知道，世界会变成一个智能社会，智能社会怎么感知呢？必须要靠终端，终端的感知要靠传感器、显示器。所以，未来终端的路很宽广，包括物联网……手机只是终端的一个领域。"项立刚预计，到 2025 年，中国大约会有 100 亿的 5G 终端，占全球一半以上。

现在戴智能手表很不方便，因为每天都要充电。5G 时代百亿级的智能设备都需要做到低功耗，十天半个月充一次电就行了，不然的话，"每天回家，皮带解下来充电，皮鞋脱下来充电，眼镜拿下来充电……"那"万物互联的智能社会"就泡汤了。所以低功耗是 5G 的内在要求，华为在这个关键领域有着强大的技术储备。其 5G 设备 1 度电的能量消耗，可以支持超过 5000GB 流量的传输，相当于下载 5000 部超清电影，而在 4G 时代，同样的电量仅能下载不到 300 部，可以看出 5G 相比于 4G，能效提升了 10—20 倍。

5G 的三大指标（特征），将带来种种应用，这是未来数十年内新技术、新生活方式的底层基础。

中兴通讯总裁徐子阳就很看好大视频、高清晰的业务。他在央视《对话》栏目的现场，展示了中兴与 Orange 公司做的联合试验，用 5G 和超过 500 兆以上的带宽实地演示一个场景：一个人和一个全息的人在千里之外进行实时对话。然而，台下的观众并没有发现这是与一个全息的人在进行对话，极大地提升了现场的感知度。

徐子阳认为，5G 技术有个很好的应用场景：现在很多视频会议，效果非常不好，但在 5G 环境下，如果有了全息系统，能够让人面对面看到清晰的面容，感觉到双方声调的变化，那么，彼此会产生更多的互信，从而拉近距离，这样工作效率也就提高了。如果真的有这样一种全息系统，让大家在千里之外也能像今天这样面对面开会，人们绝对会为它付钱。

这也可以极大提升远程教育的体验，如果你想成为一位工程师，在几千公里之外就可以接受远程教育，上一流教授的视频课程，仿佛置身于真实的课堂之中，将极大地提升学习质量。[1]

4. 5G带来数十万亿美元财富，你有能力参与分享吗？

科尔尼管理咨询公司认为："下一轮技术进步和经济增长，即普遍被认为的第四次工业革命，则要仰仗于速度快和时延低的5G网络的发展，随之而来的巨大技术突破（例如体积超小和超长生命周期的传感器）也会不断涌现。最先取得大规模、可靠的5G网络覆盖的国家，在经济上取得的回报会远远高于他们投入的资金。"

"未来全球技术变革的中心可能会因为5G竞赛的结果而发生变化。国家竞争力将越来越取决于第四次工业革命技术的应用和创新水平，而归根到底取决于国家5G无线网络的质量。"

如果顺利抢占5G这一战略高地，将带来万亿美元级的财富，中美都对此做过测算。

2019年4月，白宫表示，美国的5G网络建设计划投入2750亿美元，将使美国GDP增加5000亿美元，同时创造300万个新的就业

---

[1]《5G热的冷思考》，中央电视台《对话》栏目，2019-07-01

岗位(不算无线通信行业目前已有的470万个工作岗位)。

据中国信息通信研究院同期发布的报告测算,中国的5G商用将在2020—2025年爆发,可实现经济总产出10.6万亿元人民币的直接增长及24.8万亿元的间接增长,直接创造超过300万个就业岗位。

法国记者艾狄安·热尔内勒曾提问:"现在有一些人会觉得欧盟的运营商不着急部署5G,现在看来5G能赚钱的应用只有自动驾驶,其他应用好像赚不了什么钱,这个说法对吗?"

任正非回答说:"这不对。欧洲为什么比中国早发达?就是因为几百年前的铁路和航海能力。因为中国那时的交通是基于马车,马车比火车慢,比轮船载重量小,所以欧洲首先工业崛起了。信息传送速度提升后,也将带来经济上不可估量的增长。5G的速度至少比4G快10倍以上,速度快会促进经济文化的快速发展。"

"速度对一个社会的发展是非常重要的,当这个社会从物理运输变成信息传送,信息速度发展快的国家,经济发展都快。中国二三十年前是非常落后的国家,中国加快了信息系统建设的步伐,所以经济就追上来了。5G是非常高速度的产品,当全网建成以后,每个人使用流量的成本会大幅度下降,它对文化、教育、经济……各方面的发展都会起到很重要的作用。如果你有兴趣,用三十年世界信息数据流量变化来看各个国家经济成长的相关性,就能比较出来,哪个国家信息发展速度最快,哪个国家的经济发展就最快。如果将来你有时间,我找个人给你讲讲韩国的例子,韩国是信息发展非常激进的国家,它的经济发展速度是非常快的。"

任正非据此推论美国在5G时代的危机:"现在美国肯定建不成

先进的信息网络,因为我们不会在美国做 5G 的任何销售。""5G 成本按每比特计算只有 4G 的 1/10,每比特能耗也只有 1/10,5G 速度在同等的能耗下是 2G 的一万倍。任何一个产品的先进性不能意味着是高成本,应该是高价值。5G 应用以后你就知道,将来美国可能是落后国家。"

任正非表示,华为估计"5G 产业本身对世界产生 4000 亿—5000 亿美元的推动,但它能带动物联网产业数十万亿美元的产业"。

"在 5G 的价值链当中,网络只占 5%,而平台和应用开发占 95%。"这是中国移动原董事长王建宙反复强调的观点,与任正非的观点一致。从事 5G 芯片、5G 通信设备制造的企业是第一批赚到钱的,随着几年后 5G 网络的建成使用,还有大得多的财富蛋糕等待着各路豪杰。

王建宙回顾了行业发展史,强调 5G 生态是一座没有围墙的花园。因为从 1G 到 5G 的发展历史看,整个生态关系是不断变化的。1G、2G 到 3G 的初期,生态链基本是以电信运营商为中心的,即使在 3G 的初期也保持了这样的情况。如果这是一个带围墙的花园,到了 3G 后期这个围墙就拆除了,花园没有围墙了,也就是很多人所说的 OTT(指通过互联网向用户提供各种应用服务),任何人都可以进入这座花园,只要它带来了自身的应用。

4G 时代继续维持了这种状态,应用跟网络是互相依赖的,不同的人做不同的事情,没有哪一个企业可以通吃。到了 5G 时代,还会保持这种状态,也就是,它会继续是一座没有围墙的花园,所以所有的创业者、开发者都有他们各自的机会。[1]

5G生态中,最先普及的应用可能是"专用5G",即在一个工厂、建筑工地或工业园区内快速实现5G的密集覆盖,并建设独立平台,全面提供各种高可靠低时延的5G业务,可以全面实现自动驾驶、机器人作业和全过程智能控制。

随着时间的推移,5G网络建设全面铺开,消费级应用将层出不穷。社交、电商、视频、游戏、直播、出行、生活服务类的APP,提供的服务将全面升级和创新;此外,前面说过,5G将让AR/VR和自动驾驶得到广泛应用。

5G时代,各企业还可以针对政府、教育、医疗、金融等领域机构做To B生意。智慧城市、智慧物流、远程医疗、远程教育、联网无人机等,都将迎来大发展。

在5G生态创业热潮中,不仅是芯片、软件等科技人才大有可为,学历史、学心理、学社会学、学管理、学营销的,只要有真才实学,都不愁没有用武之地,因为技术的商业化需要多元人才优势互补打天下,中国的各路英才都不会被5G的历史浪潮抛下。

那么我们如何确保自己成为广受欢迎的英才?像华为手机那样锲而不舍地发展自身的硬实力,方是正道!

---

[1]《5G热的冷思考》,中央电视台《对话》栏目,2019-07-01

二、找准核心竞争力：以科技实力领先来赢得终局

任正非说，华为建设的 5G 网络好比是信息流的"水管"，而终端就是"水龙头"。手机是最重要的终端，也是各大国在 5G 产业中的一个重点竞争领域。华为决定做自主品牌的手机之后，不到十年就把苹果挤下马，成为世界第二，2020 年第二季度，华为手机的出货量登顶世界第一，这极大地改变了全球手机业的格局。

任正非不仅看到了未来的终局，也规划了通往胜利的道路，那就是拼技术，以一力破万法：华为不仅凭技术实力赢得电信客户，也用技术实力赢得手机用户。

除了顶级的摄像技术，华为手机还有一张王牌，那就是自主研发的芯片，例如华为把决定信号好坏的基带芯片做到了世界第一。而基带芯片的优势，又给华为大力布局的物联网领域带来了先发优势——物联网连接的无数终端都需要基带芯片。

1. 结硬寨，打呆仗：用科技硬实力横扫四方

华为消费者业务 CEO 余承东曾向媒体介绍华为智能手机崛起的关键所在：

"我们市场增量的核心其实就是消费者口碑，这也是持续增长发展的来源。良好口碑很大的原因，是研发技术创新持续的投入，技术创新的领先带来消费者的价值……我们的自信来源于技术领先的程度。领先别人半步，别人能追上我们，领先别人一条街，追一年也追不上，我们继续保持这样的领先态势，拉开跟对手的差异。像快充，华为 P30 系列达到 40W 的快充，没有一家厂家能做到我们这样一种水平。"

华为手机延续了华为通信基站的成功之道。余承东表示：

"成功要靠领先的技术创新。没有一家成功企业是靠价格战成功的，一定要靠甩别人几条街的技术。我总结这是我们成功的核心，让用户真正体验好，技术超越。"

"我们不断在各个领域、在消费者关注的价值点上都会尽量做到第一。大家看到我们的相机遥遥领先，是消费者的第一关注点，消费者关注的痛点，手机的续航，我们也解决了。还有一些痛点，摔坏、进水，摔坏暂时没有完全解决，手机还没有做到摔不坏，我们也在攻克这个难关，暂时还在内部实验测试中，不便于说一些细节。"

"未来面向消费者新的技术，比如说折叠屏。折叠屏折成小手机，由 1 英寸变成 8 英寸，变成更大的屏，能不能把手机变成 200 英寸呢？怎么做？我们也在研究当中。是否还可以通过产品看到 100 英

寸、200英寸的视野呢，我们也在研究当中。比如直接投射在视网膜里，通过AR、VR的眼镜，看到200英寸。很多的技术都在创新，未来把不可能变为可能。"[1]

曾有记者问道："华为是世界上几乎唯一做B2B业务成功、做消费者B2C业务也非常成功的企业，你们是怎么做到的？"

任正非指出了其中的关键点："我们把做网络的技术能力也应用到了手机业务。比如，手机的图像系统很好，就是来自我们网络的图像系统对数学的研究。下一步，我们网络连接业务会更成功，会是全世界上最好、最智能化的连接，这些领域其实都是相关的。"

华为手机在4G时代崛起成为世界前三，那么在5G时代会如何呢？

只有5G手机才能使用5G网络，因此这会带来一波换机热潮。假如每年销售三四亿部5G手机，平均每部手机3000元，那么每年就有万亿级的大蛋糕可供瓜分。相比于国内外同行，华为5G手机在这波财富浪潮中明显拔得了头筹。

2019年6月25日，华为Mate 20 X获得中国首张5G终端电信设备进网许可证，编号为"001"，这标志着5G手机时代正式开启。华为Mate 20 X是同时支持SA/NSA双模5G网络、双卡双待的5G手机。

6月26日，中国移动董事长杨杰表示："明年1月1日开始，政府将不允许NSA（非独立组网）手机入网，SA（独立组网）是发展方向，中国会尽快过渡到SA。"中国电信也宣布，将坚持SA目标

---

[1] 蒋均牧：《专访余承东》，载《C114中国通信网》，2019-04-12

组网方向，SA 组网是 5G 的最终方向。

采用高通 X50 基带芯片在国内上市的有三星、OPPO、Vivo 等众多手机厂商。高通 X50 芯片仅支持 NSA 组网，不支持 SA 组网，而华为手机则采用的是自家巴龙 5000 基带芯片，同时支持 5G NSA 组网和 SA 组网，处于最有利的竞争位置。余承东还曾为此发朋友圈"鼓励"友商："同行加油！希望大家都能提供真 5G 手机！NSA 很快会被淘汰，SA 才是真 5G。"

此外，凡是搭载高通 X50 基带的 5G 手机仅支持单卡，而华为 5G 手机支持同时搭载一张 5G 卡和一张 4G 卡。

双重的技术领先，使得华为在 5G 手机竞争初期，处于绝对有利地位。

至于苹果，由于 5G 基带芯片问题没有解决，它推出 5G 手机远远落后，比华为晚大约一年，错失战略机遇期。2019 年一季度，在中国 600 美元以上高端手机市场中，华为占有率是 48%，而苹果仅占 37%，丢掉了中国市场高端手机老大的地位。

苹果的相对落后，还体现在迟迟未能推出折叠屏手机。2007 年 iPhone 问世以后，智能手机的基本结构没有发生大的变化，直到三星和华为先后推出折叠屏手机。制造折叠手机的障碍主要存在于折叠屏的盖板和基板上，这是化工领域，特别是高分子材料领域的课题。经过近几年的技术攻关，障碍终于克服了，折叠屏进入商业运用时代。

三星的折叠屏手机"Fold"有着惊艳的亮相，但在 CNBC、The Verge、彭博社等美国媒体的测试中表现不佳，问题主要集中在两点：一是屏幕容易损坏，除了 OLED 屏幕本身比较脆弱外，三星没有提示用于保护屏幕的聚酰亚胺薄膜是不能撕掉的；二是铰链容易进异物，进而损坏手机。技术问题频出，导致这款手机上市的时间一再拖延。

2019年7月初，三星CEO高东进在接受媒体采访时坦言："我们在没有完全准备好的情况下就匆匆推出它，现在的情况很尴尬。"

此外，7月4日起，日本对韩国实行经济制裁，限制日本半导体材料、OLED显示面板材料对韩出口，其中包括被用于Galaxy Fold可折叠屏幕上的氟化聚酰亚胺。日本占全球含氟聚酰亚胺总产量的90%，必然会对三星折叠屏手机的供应链造成冲击。

再来看华为手机的情况。华为Mate X通过三年时间自主研发的铰链技术实现折叠形态，这一技术使用了超过100个零部件，就是为了让手机折叠后没有鼓起，有更高的颜值和更好的用户体验。相比于三星的Galaxy Fold，华为Mate X更薄，屏幕更大，折叠更平整。

Mate X兼具手机和平板电脑两种形态：闭合后是6.6英寸大屏手机，屏幕比苹果最好的手机还大；展开后是厚度为5.4毫米的8英寸平板，比苹果新版的iPad Pro还薄。

Mate X在展开为大屏后，单一屏幕展示的内容将大大多于目前市场上的手机产品；同时，大屏可划分为左右两个窗口，可一边处理邮件，一边浏览文件等。有专家认为，手机、平板、笔记本在不远的将来可能就会融为一款设备。

第一手机界研究院院长孙燕飚指出："华为折叠屏手机无论是设计，还是完成度上，都可称为目前最完美的产品。苹果这一次落后，是过去5年来产品滞后、保守、封闭的结果。"[1]

除了折叠屏，在备受关注的5G方面，华为Mate X搭载了巴龙5000基带、麒麟980处理器，以及4根5G天线，在厘米波5G网络下可实现最高每秒4.6G的下载速度，是高通骁龙X50和三星Exynos 5100的两倍，下载一部1G的电影只需3秒。

2. 以如果失败就跳楼自杀的决心攻克芯片

前面说过，苹果因为搞不定基带芯片，迟迟不能推出5G手机，那华为怎么就能搞定呢？

早在1993年，华为就开始研发"单片系统"（SOC），即一片集成电路就是一个系统。单片系统很小，因此耗能很低；而且集成电路不存在氧化问题，可靠性好，做出来的产品可以免维护。

华为1993年做的那块集成电路，是用在打电话的程控交换机上的。此前一个万门的程控交换机，就是一个巨大的柜子，要占一个房间；华为用SOC成功地把它缩小到一个机箱里面。这个产品让华为攻城略地，在电信行业站住了脚。

SOC虽好，但是做集成电路实在是贵。集成电路代工厂把电脑设计出来的电路版图试生产几片、几十片实际大小的集成电路，供测试用，如果测试通过，就照着这个样子开始大规模生产，这样的试生产叫做"流片"。不论集成电路成品测试后是否成功，代工厂流片都

---

[1] 尹哲：《弯道超车，击穿iPhone价格天花板》，载《观察者网》，2019-02-25

是以"平方毫米"为单位来计价的。

今天，华为作为台积电的大客户，每平方毫米的流片报价也得四五十万美元。如果一片集成电路是一平方厘米，那每一次流片当然是天价，研发三年后于2018年上市的麒麟980的研发费用远超3亿美元。据介绍，2019年上市的麒麟990，仅仅一次流片测试的花费就达到了两个亿，总投入可能是百亿级的。

2017年，雷军曾下决心做小米自己的芯片——"澎湃"处理器S2，流了两次片都失败后，沉寂下来，直到2019年年中都没什么动静。手机的处理器就像电脑主机里的CPU，其主要功能是将手机主板上的所有部件融为一体，为手机不断输送动力，是决定手机性能的关键因素之一。做处理器出了名的耗资大、周期长、风险高，董明珠曾表示要砸500亿元做自己的芯片，但被外界认为"这钱不够"。

因此，20世纪90年代，哪怕是国外的通信业巨头，也普遍不敢投资做这件事，万一失败，职业经理人们担心自己饭碗不保。任正非是以个人名义在深圳借了高利贷来做SOC的，他曾对开发的手下说："如果项目失败了，你们可以再换一个工作。而我，只能从这楼上跳下去了。"

SOC前期研发投入巨大，可一旦成功，接下来的生产成本是很低的。技术专家张宇平介绍说："一片集成电路，只要第一次'流片'成功，再多生产一片，就是把流水线打开，再'印'一片。跟传统的纸质书类同，这第二片的边际成本，也就是几块钱的事儿。"

那么投入巨资做集成电路的收益如何呢？以华为P20手机为例，他们的预估销量可能是1000万台，这样配置的麒麟970芯片也就能跟着卖出 1000 万片。把研发和生产芯片的总投资除以 1000 万，就得到了每个芯片的价格；然后再加上平摊到每台手机的其他各种成本以及相应的利润，就得到了华为 P20 三四千元的定价。

但没想到华为 P20 的销量竟然突破了 2000 万台，那多出来的 1000 万台销量中，每个麒麟 970 芯片的价格，就几乎全都成了利润，这是真正的赚钱！

2018 年，华为智能手机出货量为 2.06 亿部，利润丰厚。当然其中大部分的利润，是华为的海思（芯片部门）创造的。

再来说说华为海思研发的巴龙 5000 基带芯片。手机要连上网络，就必须有只"猫"，也就是无线路由器，华为巴龙 5000，就是手机上网用的"猫"。不少人见过这样的场景：在同一节火车车厢上打电话，往往这个人的手机信号好，那个人的手机信号差，这是为什么呢？因为两个人用的手机不同，手机配置的"猫"也就不同，这对手机信号的好坏起到了决定性的作用。

4G 时代，业界公认华为和高通是"猫"做得最好的两家（全世界能做的共有六家）。那华为和高通哪家的"猫"更好呢？技术专家张宇平有过切身体会：

> 我家正好在移动公司的一座发射塔底下。虽然距离近，但因为烛台效应，手机信号非常弱。那时候，我用 iPhone6，回到家，别人给我打电话，就经常"不在服务区"，接不到信号。
>
> 有时候接到电话，我总是不停地跟对方确认："听得到吗？"渐渐地我发现，如果手机在卧室，就根本连不上网，电话进来，

永远是"不在服务区";如果手机在客厅,能接到电话,但时断时续;家里只有一个地方"信号好",就是厨房窗子那里。

后来,华为出了 P7,我买了一个。这个家伙"信号好",卧室也根本不在话下,整个家里,到处通话清楚流畅。

苹果用的是高通的"猫"。即便是"最好的两家",高通的"猫"跟华为的比起来,还是有差距的。

后来,苹果因为高通税的事情,跟高通闹翻了,苹果自己没有"猫",只好采购 Intel(英特尔)的"猫"。Intel 是只烂猫,果粉们大受其苦。这时候,Intel"猫"的手机,要是拿到我家里来,估计厨房窗子那里也收不到信号了。

以 Intel 的财力和技术实力,都搞不好那只"猫",同学们可以脑补一下,它的难度……

在 5G 时代,截至 2019 年上半年,只有华为和高通这两家能搞定手机上的"猫"——因为所需的技术水平又上了一个大台阶,江湖人称"地狱级难度"。英特尔宣布退出 5G"猫"的研发,苹果公司只能灰溜溜地继续让高通帮它做"猫"。

5G 基带芯片性能全球第一,这是华为又一个大杀四方的撒手锏。在即将到来的万物互联时代,华为的 5G 基带芯片将大放光彩。

前面说过,5G 时代我们穿戴的眼镜、衣服、腰带、鞋子,我们使用的各种家电家具,还有我们在路上看到的汽车、路灯、垃圾桶、井盖和工厂里的机器、产品,等等,全都会联网。要上网,那就得有"猫",各路厂商想要那只 5G"猫",华为将会是炙手可热的供应商。

2018年华为卖出了两亿台手机，也就是说卖了两亿只4G"猫"。5G的容量是每平方公里100万个接入，两亿只"猫"只能覆盖200平方公里的工厂区，而上海旁边的昆山市就有931平方公里，仅仅是覆盖长三角和珠三角连绵不绝的工业区和居民区，华为就能做成巨量的生意！

我们用4G网络连接手机、电脑等少数终端，因此只有几十亿个连接数。业内预计，2025年，物联网的连接数将到近1000亿个，智能制造、智慧家居、车联网、物流、交通等行业市场前景广阔。[1]

即便因为美国的制裁，台积电等芯片制造商不能给华为代工生产海思设计的芯片，华为几年后无法再生产自己的手机以及应用于物联网的基带芯片，其积累的手机和芯片技术专利，也可以卖给中国其他厂商，或者授权使用，这同样能够增强中国高科技产业的整体实力。

3.谋划已久的物联网之战：以鸿蒙操作系统一统江湖

任正非认为，在5G之后，华为与美国冲突的下一个领域会是物联网。一旦华为成为物联网行业的领导者，特朗普政府就会把注意力转向这个领域，"接下来，他们（美国）会在物联网领域打击我们，那就让他们打"。

任正非对华为在物联网领域的实力充满信心，他表示，在物联

---

[1]高亢：《2025年物联网设备数量预计将接近1000亿个》，载《新华网》，2015-05-20

网领域,华为"比 5G 还要有能耐","若要让大家投票表决物联网标准,他们会投给华为,高通在物联网领域研究不深,华为进行了大量的研究"。

任正非底气的一大来源,是华为有全球最强的 5G 技术,5G 的一大特征是高网速,而要从工业设备传输用于分析的大量数据,高速连接是必不可少的。因此在 5G 上的主导地位有助于华为占据工业物联网的主导地位。

Gartner 分析师 Milly Xiang 指出,从前端芯片到操作系统、网络、边界网关(Border gateway)、平台、安全、数据分析来看,华为拥有全面性能力。

华为一直在快速开发芯片和软件,以便企业能够将工厂车间与互联网相连,使用传感器实现生产线的自动化和监控。在《2018 年 IDC 全球物联网平台供应商评估报告 – 设备和网络连接供应商》报告中,华为的 Ocean Connect 物联网平台在技术能力、未来战略、市场表现三个维度表现优异,被列入"领导者"阵营。

物联网领域的竞争关键点是操作系统。

2019 年 5 月 24 日,国家知识产权局商标局网站显示,华为已经申请注册了"华为鸿蒙"商标,并标注该商品可用于操作系统程序。事实上,鸿蒙操作系统华为已经研发了 7 年之久,2019 年下半年正式面世。

任正非表示:"鸿蒙系统的产生,本身并不是为了手机用,而是为了做物联网来用的,比如自动驾驶、工业自动化,因为它能够精确控制时延在五毫秒以下,甚至达到毫秒级至亚毫秒级。"

除了低时延,鸿蒙的兼容性也非常强大,能够应用于多种设备。任正非表示:"我们正在研发的操作系统能够与印刷电路板、交换机、路由器、智能手机以及数据中心等兼容。""它将完美地适应物联网,还能够应用于自动驾驶。我们构建这个系统,为的是能够同步连接所有对象。这就是我们走向智能社会的方式。"

华为可以联合汽车厂商,形成有利于开发者的分成机制,推动大量基于"手机+汽车"的APP;同样的,华为可以联合家电厂商和房地产商,推动大量基于"手机+家居用品"的APP。

张宇平评论道:在5G时代,沟通人类与各种联网物品,让他们相互理解的"界面",会无处不在。"鸿蒙,就是分割阳界和阴界的那座奈何桥。只要把这座桥占领了,卡住了,一夫当关万夫莫开。这是华为势在必得的一处战略要地,重中之重。围绕着这座桥,将会是一场空前惨烈的争夺战役。战役结束,战场上将尸横遍野、血流成河。战役的赢家集团未来将通吃阴阳两界。"[1]

2020年初,任正非在冬季达沃斯论坛上宣布:"华为鸿蒙OS系统目前已经正式上线,华为手机、平板、电视等华为智能终端产品随时能够启用。"

这能有效对冲美国政府对华为的封杀。2019年5月20日,谷歌根据美国政府禁令,宣布中止华为更新安卓系统。

任正非表示:"我们希望继续使用全球公用开放的手机操作系

---

[1]张宇平:《全球的顶尖技术人才,基本上全都握在华为手里》,载《上市公司调研》,2019-06-20

统和生态,但是如果美国限制我们使用,我们也会发展自己的操作系统。操作系统最关键的是建立生态,重新建立良好的生态需要两三年左右的时间。我们有信心依托中国、面向全球打造生态。一是中国市场就有庞大的应用,相比所有互联网软件,我们的系统时延非常短,如果有的人认为在这个短时延的系统上应用得很好,就会迁一部分业务到华为来;二是中国大量做内容的服务商渴望走向海外,但是走不出去,它们搭载在我们的系统上就可以走出去。"

任正非强调,之前华为没有注意到操作系统的应用程序生态圈的问题,"现如今华为已经重点解决这个问题了,开始研究和苹果商店类似的产品,并且还要吸引更多的开发者加入到其中去,进一步打造出属于华为自己的应用生态圈子"。

苹果操作系统的活跃用户约10个亿,而中国有12.6亿手机用户,依托中国这个巨大且不依赖谷歌地图、谷歌商店等APP的本土大市场,华为的操作系统大有可为。2020年9月,华为正式发布鸿蒙2.0版本,9月10日起面向大屏、手表、车机等128KB-128MB终端设备开源。此时华为已经拥有180万开发者,活跃用户4.9亿。"没有人能够熄灭漫天星光,每一位开发者,都是华为要汇聚的星星之火,星星之火,可以燎原。"余承东如是说。

2019年6月,英国《金融时报》称,谷歌公司的高级管理人员近几周与美国商务部保持密切接触,试图说服后者在安卓系统方面对华为网开一面。谷歌的理由是避免给美国国家安全带来风险:华为目前是全球第二大智能手机厂商,如果用不上安卓,就只好开发自己"不够安全"的混合系统,容易被窃听泄密;而美国人虽然自己用的手机是安全的，但也免不了要发送信息到这种"不安全"的华为手机上，就会有安全风险。

如果不是因为华为推出自己的手机操作系统能对其地位构成威胁，谷歌犯不着搬出这么绕的理由替华为说话。

2019年，谷歌推出面向物联网时代的新操作系统Fuchsia OS，手机、电脑、平板、智能穿戴、智能硬件和智能家居等设备都能搭载Fuchsia OS，打破设备类型不同的壁垒，达到苹果iOS、谷歌安卓等操作系统都无法实现的高统一性。

未来十年，鸿蒙操作系统与谷歌操作系统的PK，将是中美在万物互联时代的一个关键战场。

4. 从历史看未来：人类进化史，即科技进步史

为什么任正非决定要依靠科技赢得终局？要真正理解这一竞争策略，我们有必要回顾整个人类发展史。

人类很喜欢听故事，故事很喜欢用的开头是"从前……"。最早的"从前"，就是大约138亿年前的宇宙大爆炸，这是一切故事得以发生的总源头，所以美国一部著名的情景喜剧干脆命名为《The Big Bang Theory》(宇宙大爆炸理论，中国大陆通俗地译为《生活大爆炸》)。

宇宙主要由三样东西组成：物质、能量和信息。宇宙有物质和能量很好理解，为什么还有信息？每个粒子都携带一定的信息——宇宙内在散发出来的想法；人自身这个信息体，也是宇宙信息流的一部分。

《道德经》说"三生万物",作为宇宙的一部分,我们地球上的很多大事,其实都是由物质、能量和信息这三者担任主角的。

(1)弯弓射箭:吃货的重大利好

太阳能,是地球生命得以存续的源泉——在食物链中,流动的能量就是绿色植物通过光合作用所固定的太阳能。物质可以转化成能量,能量也可以转化成物质。食草动物把绿色植物这种物质转化成能量,然后将这种能量转变为自身的物质,也就是肉。食肉动物再把食草动物这种物质转化成能量,然后又把这种能量转变为自身的物质——还是肉。

我们的老祖宗志存高远,想要赢家通吃:吃绿色植物,吃食草动物,吃食肉动物。吃货的梦想是强有力的,它带来了第一波重大科技发明。

10万年前人类捕获大型动物的时候,主要依靠手中的长矛进行近距离的进攻,十分危险和费力。这种狩猎模式,只有有着强健肌肉和粗壮骨头的猎人才能胜任。这种猛男体型是最佳解决方案,相应地也有其劣势——身体能量消耗大,需要更多的食物。

后来发明的远程进攻武器梭镖投射器和弓箭,使得猎人们在猎杀动物时轻松许多,宽厚的肱二头肌和强健的骨骼不再是必要条件。这意味着更轻捷善跑、不需要大量食物的猎人成为了更有竞争力的优胜者,他们更容易生存下来、繁衍后代。几千年来一直用弓和带毒的箭射杀猎物的南非布须曼人,矮小、坚韧、极瘦,不到一米五。这是人类被科技发明塑造变化的一个典型案例。

（2）我们都要感谢哥伦布的妈妈

梭镖投射器和弓箭是猛犸象、剑齿虎等大型动物灭绝的原因之一，换句话说，它们极大地丰富了人类的食物（能量）来源。种子技术的发展，是人类能量获取史上的另一次飞跃。

炎帝（神农氏）之所以被中华民族尊为祖先，除了尝百草、造陶器、开集市，更重要的是他制耒耜、种五谷，奠定了农业的基础。

除了炎帝，我们要感谢的还有哥伦布的妈妈。哥伦布发现美洲大陆，使得红薯、玉米、土豆等高产作物（高效转化太阳能）的种子传入中国，随着这些种子的普及，18世纪下半叶到19世纪上中叶，中国的人口翻了一番，从此前的最高峰两亿增长到四亿，今天一半中国人的祖宗得以出生。没有哥伦布的妈妈就没有哥伦布，没有哥伦布就可能没有你我的祖宗，也就没有了写这本书和看这本书的你我，所以我们都得感谢哥伦布的妈妈，以及哥伦布妈妈的妈妈……人类本是命运共同体。

（3）"火大了"是个技术活

把物质变为能量，除了用肠胃消化食物，还可以用生火技术来实现。生出的"火越大"——把燃料这种物质变为能量的技术越高，带来的好处就越大。

青铜技术的出现就在于冶炼温度的提高，当温度达到800摄氏度以上，青铜就可以融化，可以冶炼，殷商和西周文明就建立在青铜冶炼技术之上。

在这个基础上，将熔炼温度再提升到1148度，就能冶铁。铁器在军事和农业生产中的大量使用，成就了西汉王朝的强大国力，这才有了那句著名口号——"犯我强汉者，虽远必诛"。1148度的炉温源于几个技术的"新组合"：首先是靠燃料，中国人最早采用焦炭；其次是炉膛，中国人最早使用高炉；第三是风箱。[1]

到了东汉，烧制温度进一步达到1200度甚至1400度，中国陶瓷就出现了，这是基于冶铁炉温技术之上的新创造。

3000多年来，青铜器给中国人带来了美感，铁器给中国增产了粮食，陶瓷给中国赚取了源源不断的"外汇"，这些都是"火大了"的功劳。

（4）知识的"移动"，部落的"联通"

前面提到哥伦布发现新大陆，这离不开造船技术的发展——传递物质、能量和信息的交通、通信技术，是人类史上的关键技术领域之一。

造纸术和印刷术，极大地促进了关键信息——知识的保存和传播。在口语时代，种植方法、医药经验等重要知识只能口口相传，人类记忆有限，知识很容易在传播过程中遗失。有了纸张和印刷术，知识就能在长时间和大空间里传播。知识在时空中的"移动"带来人类文明的加速发展。

另外，早期轮子、车辆、木船的发明和马匹的驯化，极大地提升了人类的"联通"能力，一个个部落在联通过程中逐步联盟，进而形成了一个个国家。

---

[1] 刘仰：《创新是积累的延伸》，载《光明网》，2016-03-15

（5）工业革命"增财"又"增寿"

大部分人求神拜佛，想发家致富、想健康长寿的占了大多数。工业革命帮助亿万人梦想成真，比漫天神佛还要灵验。

按照史学家麦迪森的估算，公元元年时世界人均 GDP 大约为 445 美元（按 1990 年美元算），到 1820 年上升到 667 美元，1800 多年里只增长了 50%。西欧国家要强一点儿，但也只是从公元元年的 450 美元增长到 1820 年时的 1204 美元。而从 1820 年到 2001 年的 180 年里，世界人均 GDP 从原来的 667 美元猛增到 6049 美元。

老话说"人活七十古来稀"，直到 1950 年，中国的人均预期寿命还只有 40 岁。改革开放 40 年，中国的人均预期寿命达到了 77 岁，也就是说今天大部分中国人都能活到古人眼中的"高寿"——70 多岁。

还有个关键数据也出现了质变：1800 年以来，世界人口翻了六番。人均收入、人均寿命和人口数量为什么会出现飞跃？因为人类社会从技术升级缓慢的农业社会进入了技术突飞猛进的工业社会。工业革命的各种技术创新，使得人类利用物质与能量的效率猛增；物质、能量和信息的传递技术出现了跨越式发展。1780 年以后，英国和美国的收入增长有 90% 来自于技术创新。

（6）石油化工摘掉"东亚病夫"帽子

工业革命的一个关键点，是极大地拓展了能量的来源：石油、天然气、煤炭、核能、太阳能、风电、水电……我们以石油、天然气的利用为例，来看看能源技术的深远影响。

耕地是需要不断补充养分的，农业社会的天然有机肥"粪便"

是供不应求的稀缺资源,因此从前的小孩有拾粪回家的任务——"庄稼一枝花,全靠粪当家"。工业革命使得人类可以利用石油、天然气大量生产化肥。

随着中国攻克耐高温耐高压的合金钢无缝管技术,我国化肥生产能力突飞猛进,粮食产量相应地从20世纪60年代最低谷的1.3亿吨,增长到80年代的3亿多吨,再到2015年的6亿吨,这一年中国还生产了6亿吨蔬菜与水果。如今在冬天我们也能吃上新鲜果蔬,这要归功于温室大棚的应用,而温室大棚所应用的薄膜主要是聚乙烯,这是由石油化工裂解而成的。

回想农业社会,明朝时由于食物缺乏导致营养不良,女性平均身高只有1.4米,男人则是1.5米——人人都是"武大郎";直到晚清、民国,中国人还被称作"东亚病夫"。进入21世纪,这样的苦难一去不复返了。2015年,中国人年均消耗肉类59公斤,位居世界第十、亚洲第一;人均消耗鸡蛋300个,世界第二;人均消费蔬菜500公斤,全球第一……十几亿中国人,一个个吃得比旧社会的地主还好。营养极大地改善后,中国人的平均身高比旧社会增长了20厘米,"遍地是高个,美女也愁嫁"。

(7)环球旅行与世界大战

在古代,即便是可以坐马车的贵族和官宦,也是很少出门追寻"诗和远方"的。因为那时没有橡胶车轮,当没有减震设施的马车行驶在崎岖不平的道路上,那种强烈的震感哪怕是八尺壮汉也没法儿长时间忍受。去几十公里外看个风景,路上都得花好几天,那时的旅行,才真是遭罪。想当年文成公主要嫁给松赞干布,从西安走到拉萨,路上竟然花了三年——现如今,坐飞机三四个小时就到了。

第一次、第二次工业革命时期大量建造的跨江大桥、水泥路、柏油路、铁路、轮船、飞机和电报、电话,让人类的连通性得到了空前提升。这带来了全球贸易和旅游业的大发展,但也不期带来了规模空前的战争。

历史上,为了获取物质和能量,有些国家选择的不是靠勤恳劳动,而是走"捷径"——抢。对物质和能量的传输能力越强,战争规模就越大。两次世界大战只可能发生在工业社会,因为农业社会根本没有能力把几千万人聚在一起长时间打仗。

几千年来,人类不仅努力发展生产技术,还努力发明战争技术。从十八般冷兵器,到火枪火炮,再到核弹导弹,武器技术不断迭代升级,人员伤亡不断创出新高。但核武器的出现,使得核大国之间具有互相毁灭的能力,这种恐怖前景,使得大家都不想走到鱼死网破的最后一步。过去的美苏争霸期间没有发生世界大战,未来的大国竞争料想也将如此。

总之,不论是政治史、经济史、社会史、文明史、战争史,其背后的核心推动力,都是科技,人类史即科技史!

5. 从贸易立国到科技立国

2017年,我曾和朋友深入采访美的集团。美的如今是全球最大的家电企业,经历了从"贸易立企"到"科技立企"的发展历程。

2007年10月,美的创始人何享健在美的科技奖励大会上表示:"技术研发国际性视野需要进一步开拓……要以国际化视野进行科技创新,不能关起门来搞技术,要能买就买,能学就学,能合作就合作。"

1968年到2013年,美的从5000元创业到年产值上千亿,其空调、电饭煲、厨具、微波炉等产品主要靠引进先进技术而非依靠自主创新,仅仅是与东芝合作的空调压缩机,就为美的带来了累计超过100亿元的利润。

美的集团的技术路线是改革开放三四十年来的普遍现象。朱锡庆教授对中国的工业化之路做了精彩总结:

"前三十年,低成本地获得了知识。以前没有知识,不会制造,电子、汽车等产品都是跟你买,现在我们学会了这个知识。我的成本低,我学会以后开始做低端产品,低端产品你就不要造了;现在我们会制造电子产品了,电子产品你也不要造了,汽车你也不要造了;现在我们又会造大飞机了,很可能三五年以后,波音、空客它们都会遇到大的危机……我为什么可以抢你的工作?因为我的知识是从你那儿来的,获取知识的成本比你低,只是你的一个零头,所以我的制造成本必定很低,你根本没法和我竞争啊,表现出来就是欧洲和美国大量工作岗位转到了我们这里,这是竞争的结果……比如说某个企业现在可以自产五款发动机,它把各种发动机的优点集合起来,集成创新,整体性能在某些方面甚至超出你。你的发动机原来的研发花了多少钱,我才花了多少钱呢,成本只是你的一个零头,你怎么和我竞争啊?坦率讲，在新一轮国际分工里边，中国是巨大的受益者。"[1]

在后发国家的工业化进程中，直接引进和利用先行工业化国家的技术是常态。

18世纪，美国费城制造业协会会长坦奇·考克斯曾设立鼓励出售技术秘密的奖金系统，还派间谍去英国偷窃机器图纸。美国商会在英国散布秘密告示，称愿意来美国制造纺织机的人员将得到丰厚的报酬——当时英国议会明确禁止工匠移民美洲，尤其严厉禁止纺织业主和熟练工人。

塞缪尔·斯莱特出生于英国纺织之乡德比郡，掌握了当时最先进的纺织技术，把纺织机器详图牢记在脑子里。在前往美国的轮船旅客名单上，他把自己的身份登记为农业工人，以免被警觉的英国海关发现。到了美国之后，塞缪尔·斯莱特凭记忆复制出各种纺纱机，1790年，他建立起美国第一家棉纺厂，到1809年，已有50家棉纺厂在新英格兰等地同时开工。后来他被安德鲁·杰克逊总统尊称为"美国工业革命之父"。

德国的工业革命同样走过仿制路线。1779年，普鲁士王国腓特烈大帝的官员派人去英国窃取瓦特发明的蒸汽机技术，1885年，德国人制造出了第一台瓦特式蒸汽机。1823年，德国企业主埃伯哈德·赫施环游英国，学习把粗铁制造成钢的搅炼技术。他伪装成顾客，向一家钢铁厂的生产部门经理滔滔不绝地提问，这让对方起了疑心报了警。

---

[1] 陈建利：《朱锡庆谈中国后续发展的知识来源问题》，载《南方都市报》，2011-12-19

赫施机智地躲到一个冷却的冶炼炉中，在几个小时后偷偷溜走。

日本也曾体验过技术领域的"后发优势"。根据日本长期信用银行的调查，在 1955 — 1970 年的 15 年间，日本差不多吸收了世界半个世纪开发的全部先进技术，节省了大约 90% 的研究开发费用、近 70% 的研究开发时间。

经济学家林毅夫根据全球工业革命的历史，有过这样的总结：由于跟发达国家比，技术的先进程度和产业附加值的水平有差距，发展中国家把比自己现在用的技术好的、在发达国家成熟的技术拿来用就是技术创新，进入到附加值比现有产业高、在发达国家已经是成熟的产业就是产业升级。这种方式的成本和风险比自己发明小多了，所以，发展中国家有可能比发达国家发展得更快。

但这条容易走的路不能一直走下去。

2014 年 12 月，美的成立全球创新中心，占地 400 亩，投资 30 亿元。2016 年，美的入选"全球企业研发投入排行榜"，是唯一上榜的中国家电企业，排名 175 位。2018 年美的研发总投入为 98.1 亿元人民币。

为什么美的下决心一年投入百亿元搞自主研发？2012 年接任美的集团董事长的方洪波认为，中国企业创新已经进入新时代：

"中国的创新经历了两个阶段：一是改革开放以后，中国企业利用中国相对于欧美发达国家的区位优势、成本优势和大规模的国内市场，推动了大量的应用类创新；第二个阶段是在 2000 年以后，信息技术的发展催生了大量基于互联网的商业模式创新。而过去两个创新阶段的方法在新常态的经济环境下难以奏效，当下中国企业，尤其是制造企业，将要迈向第三个创新阶段。"

"技术创新,包括基础技术、核心技术、工程技术、系统技术以及互联网技术等在内的广泛的技术创新,是中国企业第三阶段创新的主题。技术创新是品牌生存发展的核心。今天我们要么在核心技术、基础技术上去突破,向价值链的高端上去转移;要么通过技术进步的手段来推动效率的创新,效率创新会产生新的成本优势。[1]

中国企业有着惊人的学习能力,随着近几年中低端技术落差的快速消失,欧美国家又很警惕地不让中国企业购买其核心技术,中国已经到了必须加大科研投入的阶段。

日本的经济发展之所以停滞多年,一个关键原因是它的知识积累水平已经和美国差不多了,落差已经消灭了,它无法再从美国低成本地获取知识。日本经济面临的问题是知识增量在哪里,一定要靠原创。随着中国和其他发达国家的知识落差逐步消失,学无可学,也必将走向原创——(注意不是关起门来搞原创,这个问题在后面的章节将详细分析)。

而随着中国在高科技领域走向原创,正如今日的 5G 之争,今后中美在不少高科技领域的冲突很可能无法避免。比如大疆无人机和海康威视(摄像头领域世界第一)在 2019 年也受到了美国打压,抖音、微信等在 2020 年遭到了美国的封杀。华为通过"备胎计划"能顶住世界第一强国的全力打压而不断发展,对中国的各行各业有着重大的参考价值。

---

[1]《美的方洪波在中国发展高层论坛演讲谈技术创新》,载《佛山日报》,2017-03-20

各领域设备的国产化意味着什么？对我们有什么影响？

经济学者陈经总结道："一种仪器，如果国产没有，那么国外产品会以翻一番的价格卖给你。无法工业化就意味着需要在国际市场上高价采购，随时面临技术封锁和禁止出口的风险。"一旦有了国产设备，往往就让曾经的天价变为白菜价。

20世纪90年代，跨国公司在中国的一个无线基站要卖20万—30万美元，在华为、中兴参入竞争后，现在不足30万元人民币。再以通信行业的交换机为例，2000年的时候卖20万元，2005年卖10万元，这是正常的技术进步带来的降价。同期，中国开始有厂家能生产中高端的交换机了，但质量不好，再过了3年，故障率降到欧美产品的一半了。国产化的结果是，进口交换机价格开始跳水，2010年只卖1万元，到了2015年，很多欧美厂已经倒闭了。

同样的，水泥厂的磨机用减速机，国外进口的曾卖到1000万元一台，当国产减速机产品成熟后，只要300万元，国外品牌只能黯然退出中国市场。今天中国水泥做到这么低的价格、这么大的规模，首先要归功于生产设备的国产化。

知乎网友"一路狂奔"谈了自己在基础机械加工领域的亲身经历："高速冷墩机，一个长方形的盒子一样的设备，德国生产的，九几年的时候一台是一千多万'大洋'啊！老板看了心痛肉痛，买不起，吾等只能羡慕得哈喇子流一地。没办法，只能用国产的低速冷墩机，质量一般，但售后很好，基本上都是召之即来。再然后很精彩，我们经常在机械博览会上看花了眼，基本上都是国产的！而且设备都已经小型化了，既轻巧又不占地方！效率也高，维修也很方便！价格也便宜了很多!"

金灿荣教授也讲了一个精彩案例：平衡车原本是荷兰人发明的，因为市场太小，单价要卖到8万美元，只有阿拉伯土豪才买得起；荷兰公司破产后把技术卖给了美国，美国市场大一些，最终卖到两万美元一台，还是太贵了；接下来是雷军看中了这个技术，马上推出了1000美元的平衡车，而且还有利润；再后来浙江和深圳的民营企业破解了这个技术，推出的产品才卖100美元，质量还过得去，农村的孩子都能骑了。

药品价格高是民生领域的痛点，一个原因是很多药品靠进口。成都康弘药业集团投入研发经费10亿元，攻克了湿性黄斑变性这一致盲疾病，打破了国外企业的知识产权垄断。相比进口产品，这一产品不仅完全达到了国际领先水平，而且作用靶点更多、疗效更佳，年治疗费用却不到进口产品的一半。如今，这一产品在国内的市场占有率已超过50%。[1]

彩电是大家比较熟悉的领域，从前索尼、夏普的液晶彩电是天价，动不动几万块，现在长虹、海信60寸的4k大屏电视，只卖几千块。这中间经历了什么呢？从业人员回忆道："2005年，中国面板行业每亏损1块钱,中国的液晶显示器和电视机企业成本就会下降20块钱。这就是国产化的力量。感谢BOE、tianma、SVA、TCL这些年的努力和付出，没有面板业国家的巨大投入，就没有国产电视机行业的成

---

[1]沈慧：《高价值专利正日益成为决定企业、地区乃至国家竞争成败的关键因素》，载《经济日报》，2017-06-05

功。中国政府在液晶面板行业的投入大约是 1000 亿元,而 2014 年中国液晶电视产量 1.4 亿台,多少年的投入,电视机行业几个月就赚回来了。"

发达国家老百姓为什么能普遍过上好日子?因为他们能把一万块的东西,以十万块的价格卖给中国这样的发展中国家,有了这样的大蛋糕,自然可以发放高福利,而中国人真的就是苦哈哈给他们打工。

设备国产化,意味着 14 亿中国人不用分摊这样的高成本了,一方面中国用户可以省下亿万财富,另一方面中国企业也可以从设备国产化中赚取亿万财富。

早在 2018 年 6 月,任正非就在内部讲话《励精图治,十年振兴》中表示:"如果美国不给我们科技制造的要素,哪怕从零开始,我们都需要自己去创造要素!不要一听蟪蟪蛄叫,就不敢种庄稼了。"

这种"敢叫日月换新天"的创新创造精神,正是华为在近几年大红大紫,成为中国企业界标杆的根本原因。今天的中国,必须从"贸易立国"转变到"科技立国",华为的成功,为中国企业找到了一条虽然艰难,但前途光明的新道路。

三、真正的大局：产业竞争靠科技，科技发展靠教育

任正非曾这样评价中美科技水平："我们首先要肯定美国在科学技术上的深度、广度，都是值得我们学习的，我们还有很多欠缺的地方，特别是美国一些小公司的产品是超级尖端的。我们仅仅是聚焦在自己的行业上，做到了现在的领先，而不是对准美国的国家水平。就我们公司和个别的企业比，我们认为已经没有多少差距了；但就我们国家整体和美国比，差距还很大。"

在中国的科技进步之路上，知识产权保护和教育是两个关键点。2018年，任正非在与香港地区"2012实验室"研发团队座谈时，分析了为什么要保护知识产权：

> （以前）中国创造不了价值是因为缺少土壤，这个土壤就是产权保护制度。在硅谷，大家拼命地加班，说不定一夜暴富了。我有一个好朋友，当年我去美国的时候，他的公司比我们还大，他抱着这个一夜暴富的想法，二十多年也没暴富。

像他一样的千百万人，有可能就这样为人类社会奋斗毕生；也有可能会挤压某一个人成功，那就是乔布斯，那就是Facebook。也就是说，财产保护制度让大家看到了"一夜暴富"的可能性。没有产权保护，创新的冲动就会受抑制。

第二个，中国社会缺少宽容，人家又没危害你，你干嘛这么关注人家？你们看，现在网上，有些人都往优秀的人身上吐口水，那优秀的人还敢优秀吗？我们没有清晰的产权保护制度，没有一个宽容的精神，所以中国在"创新"问题上是有障碍的。

大家也知道Facebook这个东西，它能出现并没有什么了不起的。这个东西要是在中国出现的话，它有可能被拷贝抄袭多遍，不要说原创人会被抛弃，就连最先的抄袭者也会家破人亡，被抛弃。

在美国，有严格的知识产权保护制度，你是不能抄袭的，你抄了就罚你几十亿美金。这么严格的保护制度，谁都知道不能随便侵犯他人。实际上保护知识产权是我们自己的需要，而不是别人用来打压我们的手段，如果认识到这一点，几十年、上百年后我们国家的科技就有希望了。

保护知识产权能够激发人们创造知识产权的动力。那么，怎样提升人们创造知识产权的能力呢？答案是教育。因此教育是科技发展的动力之源，是中国赢得终局的根本路径。这是任正非不断呼吁政府、呼吁人民重视教育的基本逻辑。

1. 要和西方竞技，唯有踏踏实实用五六十年或者百年时间振兴教育

二战之后，德国和日本工业基础都被摧毁了。当时有一个著名的口号"什么都没有了，只要人还在，就可以重整雄风"，没多少年德国就振兴了，所有房子都修复得跟过去一样，日本的经济也快速恢复了。

任正非认为："这得益于他们的人才、得益于他们的教育、得益于他们的基础，这一点是最主要的。所有一切失去了，不能失去的是人，人的素质、人的技能、人的信心很重要。"

在前30年的成功中，华为借助了很多外国科学家的力量。任正非强调，当拥有14亿人口的中国也变成人才大国时，中国企业与西方科技企业竞争，将更有信心：

"中国是一个人口大国，如果变成人才大国，我们与别人的竞争才更加有信心，因此，小学教师应该要得到更多的尊重。当然，今天教师待遇已经比过去好很多了，但还要让教师成为最光荣的职业，国家未来才有希望，才能在世界竞技中获得成功。"

"今天大家看到华为有很多成功，其实成功很重要的一点是外国科学家，因为华为工资高于西方公司，所以很多科学家都在华为工作。我们至少有700名数学家、800多名物理学家、120多名化学家、六七千名基础研究的专家、六万多名各种工程师……形成这种组合在前进。因此，我们国家要和西方竞技，唯有踏踏实实用五六十年或者百年时间振兴教育。"

正如西方有好芯片中国要用，但中国必须有自己设计和制造好

芯片的实力，这个"备胎思维"同样适用于人才领域——世界各国有人才中国要用，但中国自身必须有大规模的人才，这样中国企业参与全球竞争才更有底气。

曾有记者提问："过去十年来，中国的研究体系在多大程度上依赖于全球创新网络？如果跨国合作大幅减少，中国能否继续实现尖端创新？"

任正非认为："中国现在的大众创新虽然看起来蓬蓬勃勃，但大部分是应用创新，是在世界平台的基础上创新。如果离开世界这个平台，我认为创新会有很大的挫折。因为中国在基础理论投入和基础教育问题上还需要努力。所以，你刚才提的问题，应该是中国各级政府部门要注意的。"

2. 中国要从孩子们的大脑里，挖出大森林、大油田、大煤矿

任正非的父母都是教师，其父任摩逊还曾任中学校长。任摩逊曾这样叮嘱他："记住知识就是力量，别人不学，你要学，不要随大流。"知识就是力量，是任正非接受的基本家教。任摩逊学过经济学，任正非曾表示他为华为设计的员工持股制度，曾同父亲商讨过，结果得到他的大力支持。任正非说："华为的成功，与我不自私有一定关系，而这是我从父母身上学到的。"

华为高级管理顾问吴春波说："如果有人问：任正非最关心什么？答案很简单，最关心华为。他是华为的掌门人，华为是他的命，是他的一切。管理大师德鲁克讲，企业家必须掌握企业的命运，反言之，

企业家作为一种职业，命中注定是企业的守望者。除此之外，任正非最关注的是什么？是教育！大学、中学及小学。"

任正非强调，中国只有搞好教育这一条路可走：中国要升级成发达国家，面临的情况是房子成本那么高、人工成本那么高、税收那么高，没有一样不高，这时不向高增值产业走，已经没有退路了，"这种情况下只有产业升级，只有抓住教育"。

任正非关注教育，不只是努力呼吁，他还身体力行。

早在1998年，华为就捐资2500万元，成立"寒门学子基金"，资助家庭困难的学生完成学业。任正非曾对吴春波说："一个资源贫乏的国家，唯有从孩子们的大脑里，挖出大森林、大油田、大煤矿……"任正非曾多次引用一句格言："国家的强盛是在小学讲台上完成的，最廉价的国防是教育。"

2013年9月，任正非召开了"华为与教育"内部会议，参会者包括柳传志、冯仑、陈东升、朱新礼、古永锵等知名企业家，以及清华大学副校长谢维和、中科院院士范守善、北京四中校长程刚、《创业家》杂志社社长牛文文等政界、教育、媒体领域的要员，共计30位大咖。与会者冯仑回忆了这次有意思的会议。[1]

> 开会以后，任正非开始说，今天请大家来呢，就是为了一件事。在场的人都以为是特大一件事，找来这么多各种各样的人。结果没想到，他是请朋友们来帮忙想校训。

---

[1] 冯仑：《我心目中的任正非》，载《中国商人》，2019年第6期

  任正非的母校在贵州都匀。一所很老的学校,叫都匀一中,老到这所学校的起源可追溯到明朝嘉靖年间。任正非的父亲也曾在这所学校当过校长。都匀一中出了任正非这么一位大企业家,现任校长希望他捐款支持。

  捐钱可以,但老任非要问校训是什么。校长答不上来,没人想到这个事。

  老任跟校长说:"如果你不把校训搞清楚,不讲清楚为什么要办学校,怎么样办学校,办成什么样的学校,你不说清楚这个事,那我不能给你钱。"

  校长也说不清楚。于是老任告诉校长:"你要说不清楚,我来帮你说清楚,我找朋友来帮你说清楚,然后你们都认可,就按这样做,我就支持你。"

  当时大家听了这次活动的缘由,一下子都特别兴奋。这是一个私事,但又是一个公事,是自己的事又是别人的事。关键是大家从来没想过这个角度:捐一笔钱给学校,一定要学校把校训讲清楚。

  我事后一想,确实很有道理。一件事不在于钱在于理,不在于事,在于它的起源和发心。

任正非对校训这件事不仅想得深远,而且做得扎实,他结合了朋友意见、学校历史、名校校训、中国国情以及自己的人生感悟,定下了六个字的校训。冯仑介绍了这个过程:

大家三三两两激动起来，拿起桌子上的资料看，才发现资料特别多。中国著名学校的校训全齐了，甚至还有民国时期的校训，以及美国26所高中、全世界37所大学的校训。

这下子把在场的人给难住了。任正非还播了一段视频，讲的是一中的历史。大家看完视频看资料，边看边写。

这个时候我才发现，校训挺有意思，挺有讲究。有的往大里写，有的往小里写；有的写给学生，强调品格；有的写给校长，讲的是办学宗旨；有的写给时代，爱国、敬业。写的真是不一样。

最后任正非让大家把意见都写在纸上，认真搜集起来，说他回去跟学校再研究。过了一段日子，任正非把这事情的结果跟大家做了反馈，把最终定好的校训告诉了大家。校训是六个字：立志、崇实、担当。

这校训是讲给学生听，也是讲给学校听，希望学生立志、崇实、担当。

他对学校有期许，要办一个长远的一百年、两百年的学校。要踏踏实实办学校，别务虚。最后学校要担当起时代、社会给的责任。

挺有意思。其实这六个字里面，也有他自己的身影。作为一位企业家，以及今天华为所做的事，就是立志、崇实、担当。

今天我想起这件事还是很感动。任正非为了给一所学校捐一笔钱，这么大动静，请这么多朋友，花这么多精力，就为了研究学校的办学宗旨、校训，要赋予这所学校一个灵魂，明确学校发展的愿景和方向，同时再给一笔钱，让一中按照这个方向把学校办好。

3. 要让最优秀的人才得到高薪，愿意去当老师

任正非认为，培养人才的关键在于，让最优秀的人才得到尊重，愿意去当老师，振兴基础教育。

任正非强调，社会就是应该号召"用最优秀的人去培养更优秀的人"，"我们再穷也不能穷老师"。

任正非认为，发展中国教育，最重要的是农村教育：

> 农村教育就是给教师涨钱，涨了钱以后大家都想去当小学教师，小学教师好，何苦要去大城市呢？如果教师没有政治地位、没有经济地位，让人瞧不起，这个社会就会一代不如一代。教师地位好的话，这个社会就一代强过一代。

任正非接受采访时曾做过如下表述：

> 现在大学钱不少，国家主要投给农村中小学，而且不要投到学校房子去，一间茅草房就行，主要提高老师工资。振兴教育不在于房子，在于老师。黄埔军校就是两条绑腿，抗大就是一条小板凳。你们看关于抗大的电影，搬个小板凳，坐在黄土飞扬的土地上，听毛泽东没有麦克风的讲话，就建立了新中国。黄埔和抗大怎么不是世界上两所伟大的名校呢？所以，物质不是最主要的，人才是最主要的，人类灵魂的工程师应该得到尊重，这样国家才有希望。

这个时代对一个国家来说，重心是要发展教育，而且主要是基础教育，特别是农村的基础教育。没有良好的基础教育，就难有有作为的基础研究。

给农村教师多发一点儿钱，让优秀人才愿意去当教师，优秀的孩子愿意进入师范学校，就如我们老一代革命家毛泽东、粟裕、许光达、恽代英都出身于师范学校一样，我们就可以实现"用最优秀的人培养更优秀的人"的目的。

思想家往往晚熟，因为需要足够的阅历。任正非的上述观点，源于他的见闻和父母的经历：

深圳教师得到了尊重，深圳老师挣钱多，253个人竞争一个教师岗位。我们帮助清华附中建设清澜山中学，校长说将来能做到中国第一的学校，因为收费高。清澜山只招收两千多个学生，对全社会开放，华为员工抢着送孩子进去，送不进去找我，我说我管不了你们。

只有教师的政治地位提高了，经济待遇提升了，我认为才可能使得教育得到较大发展。我个人为什么感受很深？我父母是乡村教师，在贵州最偏僻的少数民族地区从事乡村教育工作，父母这一辈子做教师的体会对孩子们的教育就是一句话"今生今世不准当老师"，如果老师都不让自己的孩子当老师，国家是后继无人的。我亲身经历了他们政治地位低、受人歧视、经济待遇差的窘境，我自己跟着他们，也亲身体会了这个苦，所以没有选择去当老师。

现在国家制定了军官福利条例,军官在艰苦地区待遇比在发达地区高。为什么不可以制定教师福利条例呢?如果贵州教师工资比上海的更高,贵州还会是落后地区吗?

以长远战略眼光闻名的马云同样十分关心教育,认为"我们国家从教育入手,才有可能赢得未来"。他和任正非一样,十分关注中国乡村教育的不足,以及基础教育理念的缺憾。

中国9000万乡村儿童的教学环境亟待改善,380万乡村教师的教育水平亟待提高,马云因此担任"乡村教师代言人"。2014年12月,马云在浙江省民政局注册了"马云公益基金会",他说:"我们基金会在乡村教育上面,希望多关注音乐、体育、美术,因为人一定要有这种想象力。"[1]

2015年,该基金会启动第一个公益行动"马云乡村教师计划",马云计划从2015年9月16日开始每年一届来寻找100位优秀乡村教师,给予每人总计10万元持续3年的现金资助与专业发展机会;2016年7月,该基金会又发布了"马云乡村校长计划",每年在全国范围内评选出20位优秀的"乡村教育家",给予每人持续3年总计50万元的支持;2017年12月,该基金会又启动了"马云乡村师范生计划",将在10年内至少投入3亿元,为乡村教育发现和注入新生力量,为中国培养未来教育家。

---

[1] 马云:《教和育是两回事》,载《新浪科技》,2018-09-05

4. 教育改革的必要性：人工智能必将引发工作革命

任正非认为："在未来20—30年里，人类社会最伟大的推动力量将是人工智能。随着当前信息科技发展得越来越迅速、网络越来越复杂，当前大数据的庞大信息已经接近人类智能无法处理的地步。未来，有些确定性的工作会被人工智能来替代，AI能帮我们在本地处理大量基础信息，向决策者给出参考性结论，而不需要通过网络传输海量基础数据。"

在人工智能领域，华为除了人工智能最顶上的那个应用层不做，也就是直接面向最终消费者，提供某种人工智能服务这一层，因为这是华为客户的业务，华为不能跟客户抢生意——人工智能底下那些层，包括算力、数据的传输、存储，基础的算法，华为统统都做。

任正非认为："未来信息社会的发展是不可想象的。未来二三十年，人类社会一定会有一场巨大革命，在生产方式上要发生天翻地覆的变化。比如，工业生产中使用了人工智能，大大地提高生产效率。大家参观了我们的生产线，那还不能叫人工智能，只是一部分人工智能，但是生产线上已经看不到太多的人。五年以后，这条生产线上可能只需要五六人，甚至两三人，主要是做维修。当然，我们的生产线上很多人都是博士，不是普通操作工人，特别是光芯片生产中，会动手的博士还特别少。"

那十年、二十年以后，每个人都还会有一份工作吗？

任正非说："举一个例子，过去在非洲设计站点时，我们一个工程师一天最多设计4个站点；现在一个工程师用人工智能设计方式，一天能设计 1200 个站点。我问他'为什么是 1200 个站点',他说'合同总共就 1200 个站点'。生产效率提高,是有益于人类生活的。"

"以机器翻译来举例,人工智能可以同时将文本翻译成 70 种不同的语言,而这对任何人都没有伤害。它减少了很多人的工作量。这并不意味着翻译人员或是股票分析师会失去工作。他们可以转去其他的行业,扮演新的角色。"

"人工智能创造财富只需要少量的人,但是财富增多了,会养活更多的人。如果有些人认为需要工作,那就要努力学习才有工作,也会促进社会更进步。工作人的收入和不工作人的收入相差应该很大。大家可能看过我们的生产线,基本上没有什么人。"

但人工智能并不会取代所有类型的工作,它取代的是重复性的、有规律可循的工作。

任正非认为复杂沟通类的工作不会被取代:"现在人工智能主要用于改进生产效率,没有用到改进情感上。""有很多工作是人工智能不能代替的,比如……当你生病在床上呻吟的时候,进来一个机器人,给你打一针就走了,你不会感到冷冰冰的吗?还是需要一个真人有温度的情感,这就是体验。"

人工智能领域的专家普遍认为,创造性的工作也不容易被人工智能取代。

任正非的终局思维,不局限于企业经营,还体现在他几年前就将要到来的智能革命,以终为始,呼唤今天就进行教育改革。

早在 2016 年 5 月的全国科技创新大会上,任正非代表华为在会上进行汇报发言时,就已经在强调针对人工智能引发的工作革命,进行相应的教育改革：

> 从科技的角度来看，未来二三十年人类社会将演变成一个智能社会，其深度和广度我们还想象不到。越是前途不确定，越需要创造，这也给千百万家企业公司提供了千载难逢的机会。
>
> 我们国家百年振兴中国梦的基础在教育，教育的基础在老师。教育要瞄准未来。未来社会是一个智能社会，不是以一般劳动力为中心的社会，没有文化不能驾驭。若这个时期同时发生资本大规模雇佣"智能机器人"，两极分化会更严重。这时，有可能西方制造业重回低成本，产业将转移回西方，我们将空心化。即使我们实现生产、服务过程智能化，需要的也是高级技师、专家、现代农民……因此，我们要争夺这个机会，就要大规模地培养人。
>
> 今天的孩子，就是二三十年后冲锋的博士、硕士、专家、技师、技工、现代农民……代表社会为人类去作出贡献。因此，发展科技的唯一出路在教育，也只有教育。

2019年任正非与央视记者对话时，继续阐述应对智能社会带来的就业革命，唯一的出路就是全力搞好教育：

"我关心教育不是关心华为，是关心我们国家。如果不重视教育，实际上我们会重返贫穷的。因为这个社会最终要走向人工智能的，因为你可以参观一下我们的生产线，20秒钟一部手机从无到有，基本上没有什么人。未来我们几百条上千条的生产线完全是自动化的，所以我们的人的文化素质不够，至少你没受过大专或者大学以上的教育，你的英文也不好，计算机也不好，做工人的机会都不存在。从我们公司的缩影就要看到国家，放大来看国家，国家也要走向这一步，否则国家是没有竞争力的。"

"一个国家强大的基础是什么？比如硬件、铁路、公路、交通设施、城市建设、自来水各种环境的硬设施，硬设施没有灵魂的。灵魂在于文化、在于哲学、在于教育，一个国家有硬的基础设施，也一定要有软的土壤，没有这层软的土壤，任何庄稼都不能生长。为什么别人不会提这个问题，我会提这个问题？我能看见我们科学家的工作状态。我只要一出国，到了任何一个研究所，每位科学家都争着上来讲他的方程，讲十年二十年以后这些东西产生的结果。比如他演示系统方程给我看，说这个将来毫米波可能会给人类提高一百倍的带宽，但是只增加两倍的钱。就是你多出两分钱，你就可以获得一百倍的带宽，所以穷人都消费得起了。这些基础的科学走到这一步，如果没有从农村的基础教育抓起，如果没有从一层层的基础教育抓起，我们国家就不可能在这个方面竞争。因此，我认为国家要充分看到这一点，国家的未来就是教育。"

万丈高楼平地起，越是需要高端人才，越要强调基础教育，基础不牢，地动山摇。

任正非强调："我能看到科学家的真实研究能达到的水平，达到这个水平的难度我知道。我认为要从最基础抓起，要尊师重教。能真正这样子，将来这个国家二三十年、三五十年才有希望。相信二三十年人类一定会爆发一场巨大的（智能）革命，这个革命的威力人人都看到了，特别是美国看得最清楚。看得最清楚，他们才会打你这个出头鸟。他们没想到我们早就有准备，消灭不了，他们没想到。他们以为架起几门炮吓唬一个国家的时代，还是那个时代，可能误判了。以为抓起我们家一个人来，就摧毁了我们的意志，这个也误判了。所以我认为我们国家其实从今天抓起，如果我们农村的孩子二三十年以后好多都是博士硕士了，会为国家在新的创新领域去搏击，争取国家新的前途和命运，这才是未来。"

5. 面向人工智能时代，我们怎样教育孩子？

在任正非的话语体系里，基础研究依赖于基础教育。那基础教育的方针是什么？

曾有记者问："您觉得中国在技术上超过西方会是一个新的常态吗？"

任正非明确回答"不可能"，并指出中国教育的弊端："中国首先要在基础教育，特别是在中小学教育、农村教育上，要向西方学习，追上来；在高等学校的学风，要像世界科学家一样，专注学术研究，博士的论文充满真知灼见，打好这个基础。这样经过五六十年甚至一百年以后，才能来讨论这个问题。西方无论是在初等教育还是高等教育上，都有创造性方法；中国现在只有统一的考试方法，这让天才很难脱颖而出。因此，中国短时期不会全面达到西方的科技水平。我们也在呼吁，希望国家重视教育，改变过去落后和跟随的状态，希望孩子有独立思维，也希望能为世界输出技术上的贡献。"

任正非比较推崇北欧的个性化教育："现在有几种教育方式。北欧的教育模型从来没有考试，孩子都快乐成长，发现自己喜欢什么，找到自己的发展方向。北欧国家虽小，但除了爱立信、诺基亚、ABB、挪威石油外，还有许多大公司。所以，他们的教育也是成功的。中国由于国家太大，不知道谁是优秀人才，所以中国通过一级级考试，考试使得孩子们成为呆板的'小鸭子'，创造力被消灭了。偶尔突破云层的少数人，是天才。"

那中国的学校教育和家庭教育的主要改革的方向是什么？

任正非认为："最主要的是让小孩的天性要发挥出来。我们不知道小孩的天性到底在哪方面最佳发展，因此小孩要早一些知道自己的天性，早一些走向正确的发展道路，这个小孩才能有效地成长。其实家长并不了解小孩，举一个例子，这位女士的先生是学电子的，50岁才知道自己是画家。待会儿你上楼看一看，她先生捐赠给公司的一幅画，是临摹罗浮宫的《拿破仑加冕》，还是他学画画不久时临摹的。如果他从小发挥天分，可能就成长为名画家。因此，小孩一定要找到自己最佳的成长方向，沿着那个方向走，才不会浪费自己的精力。"

任正非经常自己出钱给贫困地区的孩子们买钢琴："我动用公司钱是集体的钱，这是要有流程和表决的，我动用自己的钱管不着。比如说我最近去了普洱，这里地方文化搞得很有特色，我那天看了一场一个村庄的演出，我很感慨。我说那我得送点儿什么呢，我就送你五台钢琴，我就发五台钢琴。我给贵州省的捐献，大概有上千台钢琴了，也是我自己捐献的。我希望从青少年开始，就不要单纯就是数理化，应该有全面发展的思想，奠定一个广阔的文化基础，对吧？"文化基础广阔，有利于孩子从中发现自己真正感兴趣的领域。

任正非小时候没有条件找到自己的天性，因此强调信息技术的巨大意义："那时候我们在山沟沟里，不知道世界是什么样子，没有人给我们指点，所以缺少了尽早发现自己天性的机会。现在互联网这么发达，孩子接触面这么多，他的天性发展应该是快的。所以，信息社会对人类社会的进步有很大的推动力。"

记者曾问任正非："您打算为（教育）这个事情做点儿什么？"任正非回答说："我们把华为公司做好，就给大家做了一个榜样。华为有什么？一无所有！华为既没有背景，也没有资源，除了人的脑袋之外，一无所有。我们就是把一批中国人和一些外国人的脑袋集合起来，达到了今天的成就，就证明教育是伟大的。"

教育发展决定科技水平，科技水平决定国家竞争的终局。如果任正非对教育的关注、焦虑以及见解能被广大中国人接受，大家真正做到以终为始，推进教育改革，那真是家庭和民族之福。

在这里也向大家推荐一本笔者参与整理的、贝尔科教集团董事长王作冰先生的著作《人工智能时代的教育革命》，书中对科技革命引发工作革命、工作革命需要配套教育革命的逻辑，进行了系统的分析。任正非强调培养创造力，王作冰先生也有相关的研究著作《培养未来创造家》。他认为未来社会主要有三类创造家，个体智能型创造家、群体智能型创造家和人工智能型创造家。书中分析了这三类创造家分别具备哪些素质，以及如何培养这些素质，可供大家参考。

四、培养定力：终局思维需要抗拒短期诱惑

培养核心竞争力，然后赢得你看到的终局，这听起来很美好，那为什么很多人、很多企业做不到？因为在追梦的过程中诱惑太多。

华为，是保持定力、一心逐梦的代表。我们来看 5G 通信系统的例子。

5G 网络必须要有通信系统来提供服务，这个通信系统包括核心网络、管理系统、基站、天线、铁塔等一系列产品。华为自 2009 年起就着手 5G 研究，10 年累计投入 20 亿美元用于 5G 技术与产品研发，具备了从芯片、产品到系统组网全面领先的 5G 整体方案解决能力。

全球通信企业中，只有华为和中兴能够提供端到端（从技术芯片到最后的终端）5G 商用解决方案。

1. 全球通信行业沉浮录

任正非在接受法国记者采访时的一段话，生动地展现了当今全球通信业的基本格局："我不知道特朗普是怎么想的，我猜想应该是

政治性的吧。在通讯科技上，美国没有5G，也没有光交换，很多东西它都没有，不存在科技竞争。电信设备产业上，美国与我们也没有同类商品的公司，所以也不存在商品竞争。他们莫名其妙地打我们，不知道是什么目的。但客观上应该是帮助了爱立信和诺基亚，就是说在帮欧洲。我们也很高兴，只要人类用了爱立信、诺基亚的产品，人类得到了服务，也是我的理想，不一定我们自己的服务。"

通信设备领域有四巨头，除了以28%的市场份额排名全球第一的华为，其他三家是：深圳的中兴集团、瑞典的爱立信、芬兰的诺基亚。在5G时代，韩国三星集团也雄心勃勃地进军通信设备领域，在韩国以及华为、中兴进不去的美国市场收获了一批订单。

在2G初期，中国的移动通信市场主要被摩托罗拉、爱立信、西门子、北电、诺基亚等欧美企业占据。如今，很多曾经辉煌的通信设备商，要么已经消失了，要么边缘化了。

20年前，美国凭借朗讯和摩托罗拉两家巨头，成为世界通信业的领导者，如今，美国的通信设备主力军团已经全军覆没。

朗讯的背景是贝尔实验室（以通信业祖师爷贝尔命名），这家有史以来最伟大的实验室天才济济，出过11位诺贝尔物理学奖得主、1位诺贝尔化学奖得主、4位"计算机届的诺贝尔奖"图灵奖得主、16位美国最高科学技术奖得主；两项信息时代的重要发明——晶体管和信息论，都是贝尔实验室在20世纪40年代研究出来的……它是被全球程序员膜拜的神一样的存在，连腾讯（Tencent）的名字都是模仿朗讯（Lucent）取的。

至于摩托罗拉——它曾经是王者，早在1983年就推出了全球第一代商用手机"大哥大",进军中国后,售价是20世纪90年代普通中国人10年的工资,是各路土豪的标配(那时普通人有个有留言功能的BP机,就已经是整条街最靓的仔了)。2003年,华为差一点儿就以100亿美元的价格委身于摩托罗拉,结果,新上任的董事长觉得贵了不想买。仅仅过了8年,联想就以这个价格买下了衰败的摩托罗拉。

退出全球竞争的,还有曾经在通信设备领域兴旺过的英国(马可尼)、德国(西门子)、法国(阿尔卡特)、以色列、韩国、日本。

倒闭的同行必然会释放出大量的资源。这些倒闭者的客户资源,大多被爱立信拿下。它们的技术和生产设备,则被诺基亚看中。今天的诺基亚,把那些在竞争中倒下的同行都整合起来以图生存,包括朗讯、西门子、阿尔卡特、上海贝尔等知名品牌,堪称"失败者联盟"。

在这场盛宴中,华为看上的,不是技术专利,不是生产设备,也不是客户资源,它用两倍以上的薪水,果断拿下这些失败同行的优秀人才;在每一个倒下的竞争对手的研发中心所在的城市,华为都建了一个自己的研发中心,这样这些人才能够就近工作,不用背井离乡到中国上班,这就打消了他们一个极大的顾虑。

大规模聚集行业顶尖人才,并提供巨额研发资金,华为收获了海量的新技术,并以此赢得了新客户,获得了持续成长。2018年,爱立信全年亏损;2019年一季度,诺基亚净亏损4.98亿美元,同比扩大137%。相比之下,2018年华为净利润为88亿美元,同比增长25.1%;2019年一季度,华为销售收入1797亿人民币,同比增长39%。

中国通信设备企业的发展,也有政府相关政策的功劳。在2G和3G时代,华为、中兴的移动通信基站设备,在质量、性能和可靠性等方面,和摩托罗拉、爱立信等欧美巨头相比还是有很大的差距。通信业知名观察家项立刚回忆说:"(1996年)我们中国在移动通信领域还是非常弱小的,能力还是不行的。当时在这种情况下,中国政府做了一个决策,对这个行业影响深远,就是政府要求中国电信运营商招标时,必须留10%的市场空间给中国的企业,这样才让这些企业有了生存和发展的可能。"[1]

今天的美国,没有一家公司能够制造出这样的5G通信设备,让人们把信号在由手机、铁塔和基站构成的网络上传递。通信行业专家汪涛评论道:"前不久网上流行过一个视频,特朗普说,5G是美国必须要赢得的一场竞赛。但事实上,尤其是通信设备的制造,5G这个产业对绝大多数国家来讲是没有意义的,因为绝大多数的国家已经没有5G的产业了。这是一个很怪异的问题,美国事实上从设备的角度来说,现在已经不在这个圈子里面了,美国根本就没有5G设备的产业。这有点儿像美国在奥运会上说,我们一定不能失去乒乓球赛的金牌,有点儿莫名其妙。"

这个评论正好与任正非的一个访谈相呼应。2019年5月27日,彭博社采访任正非。主持人问道:"国际上有人认为,华为的发展成就是靠盗窃美国技术得来的,这种观点你怎么看?"任正非笑着回应:"那我是在盗窃美国明天的技术,美国都没有做出来,我去哪里偷美国的技术?""更有可能是美国来偷我们的技术差不多,因为我们目前是领先美国的。如果我们是落后的,那么特朗普也不用那么费劲打

---

[1] 项立刚:《5G的往事今生》,载《观察者网》,2019-03-04

我们了。打我们就是因为我们先进。"

举个例子，华为已率先发布全球首款 5G 基站芯片"天罡"，而美国没有 5G 基站芯片。"天罡"在华为内部被视为华为 5G 实力的一个突破性高点。它是全球首款 5G 基站核心芯片，在集成度、算力、频谱带宽等方面均有所突破。如果用数据来说明它的重要性，内置了"天罡"芯片的 5G 基站，和 4G 基站相比，尺寸缩小超 50%，重量减至 23%，功耗节省至 21%，安装时间同样少一半。同时，由于这颗芯片在功耗方面的大幅度下降，5G 到来的时候，90% 的站点是不需要进行市电改造的。

2. 任正非坚持不上市，不被资本绑架

美国资金雄厚，为什么不投入资源，保留和发展通信设备这个重要行业？

因为美国资本有着根深蒂固的逐利本性，它们大量流入投资回报更好的智能终端领域和互联网应用领域，如苹果公司、亚马逊、脸书、推特等，才是资本钟爱的投资对象，但通信企业很难获得，因此美国也就没有研发出先进的 5G 技术。

美国经济的金融化体现在各个领域，比如通用电气（GE）就是典型的例子。

2020 年 3 月 2 日，杰克·韦尔奇去世这一天，GE 的市值已经不到 1000 亿美元（958 亿美元）。而他之所以被誉为"最受尊敬的 CEO""全球第一 CEO"，成为张瑞敏、柳传志、马云、特朗普等

企业家的偶像，是因为他在 20 年任期内，令 GE 的市值从 130 亿美元飙升至 4800 亿美元，一度成为美国股票市值最高的公司；GE 在电器和电子设备制造领域的市场地位，也从全球第十提升至第一。

1907 年起，GE 连续 110 年入选道琼斯工业指数成分股，但在 2018 年，GE 成为早期 12 只成分股中最后一只被剔除的股票。近些年的 GE，已经成为市值不断萎缩、出现巨额亏损（2018 年亏损 233.55 亿美元）、信用评级不断下调（从 3A 级下降为 A2 级）的"没落"企业。

那么问题来了，为什么"全球第一 CEO"退休之后，GE 走向了"没落"？这源于杰克·韦尔奇给 GE 埋下的两个"恶因"。

杰克·韦尔奇把 GE 带上了世界之巅，除了超一流的管理能力——他倡导的"群策群力、无边界组织、全球化、数字化、六西格玛"等理念都成为中国企业界的指路明灯，他还有两个绝招：金融业务与并购交易。

他的接班人伊梅尔特萧规曹随，在来钱很快的道路上继续狂奔。在韦尔奇时代，GE 金融的利润占集团总利润的 40% 多；伊梅尔特大肆在 48 个国家开展放贷业务，把金融业务占集团总利润的比例提升到了 55%。在美国《财富》500 强的分类里，GE 被归为多元化金融企业，而不再是工业企业了。

2008 年的金融危机使得 GE 金融遭受巨创，幸亏美国政府拉了它一把，提供了 1390 亿美元贷款担保，GE 才活下来。但监管机构推出的新规则，大幅度提高了金融机构合规和运营的成本，GE 金融无法进行各种高杠杆的金融操作，一直在亏损的黑洞里走不出来。

伊梅尔特也像杰克·韦尔奇那样，热衷于并购交易（包括买进和卖出企业），但他的眼光却显然不如他的老师。

在伊梅尔特执掌 GE 的 16 年里，累计交易金额超过 1000 亿美元，在所有美国公司里排名第一。那他的投资回报率如何呢？有投资银行家做过测算，如果这 1000 多亿美元用来买股票指数基金，GE 不动脑子就可以增加一倍的收益。

杰克·韦尔奇与伊梅尔特扩张金融业务，以及频繁并购交易的背后，是美国职业经理人急于赚快钱，以向资本市场交出漂亮财务报表的浮躁心态。

浮躁的背后是巨大的诱惑。杰克·韦尔奇多年来致力于"股东利益最大化"，2001 年退休时，他获得了股东们的回报——创纪录的 4.17 亿美元退休金，而且从高级公寓到公务飞机、乡村俱乐部会员，甚至小到一张报纸，GE 还持续为他买单。对于自己的"贪婪"，杰克·韦尔奇直截了当地说："我值这个价。"

资本市场带来的贪婪与浮躁心态，正是任正非多年来极力排斥的。

曾有记者问道："华为未来想发展成什么样的企业，或者什么样的方向？"任正非的答案很清晰："除了不让资本进来，其他什么都可以讨论。""我们不需要资本进来，资本贪婪的本性会破坏我们理想的实现。"

任正非坚持华为不上市，一方面，他不想让员工暴富失去斗志，"猪养肥了懒得哼哼"；另一方面，他不希望公司被资本所绑架，一味追求短期利益。

"我们炮击（信息流量疏导）这个城墙口的'弹药量'每年已

经接近 200 亿美元的研发经费了。全世界已经没有几家公司敢于这么攻克同一个项目，上市公司都要看财务报表，他们在投资上都趋于保守。我们非上市公司不在乎财务报表漂不漂亮，只管战略目标一定要实现。所以没有战略方向调整的问题。"

上市与不上市的区别，任正非说过不止一次："为什么我们成功了，别的公司不容易成功呢？上市公司要看财务报表，不能投多了，利润少了，股票掉下来了。我们是为了理想而奋斗，我们知道，只要把肥料放到土地里面，土地变肥沃了，最终土地还是我们的，那我们为什么今天要把肥料分了呢？所以，我们进行投资，而且投资强度大于别人，就会领先别人而获得成功。从这点来说，我们区别于上市公司，我们不上市，就不会因为财务报表的波动而担忧。如果我们是上市公司，今天（面对）国际社会对我们的舆论风波，股票哗哗地跌。而今天我们没有什么感觉，继续往前走。我们认为，华为持续几十年只做一件事，这件事就获得了成功。"

任正非不反对资本对价值创造所起的作用："我们承认资本的力量，但更主要是靠劳动者的力量，特别在互联网时代，年轻人的作战能力提升很迅速。有了合理的资本/劳动分配比例、劳动者创造新价值这几点，那么分钱的方法就出来了，敢于涨工资。"

"西方的财务管理是成功的，值得我们学习，但也有缺点，就是绝大多数是上市公司，主要关注短期效益，对长期利益关注较少。我们公司不能只关注短期效益，而要更多地关注长期的、战略性的建设，这就是我们与西方上市公司的主要区别。"

"我们就是要聚焦自己有优势的地方,通过充分发挥组织的能力,以及在主航道上释放员工的主观能动性与创造力,创造较大的效益。"

对照杰克韦·尔奇的做法,我们对任正非的话会有更深刻的体会。

杰克·韦尔奇执行"数一数二战略",只进入那些能够做到"行业第一或第二"的领域,同时又强调"以速度取胜",这都有助于获取短期利润,提升股票价格。很多新兴科技产业是需要长时间培养才能成长起来的,但它们的投资回报周期太长,就被杰克·韦尔奇无情舍弃了,GE 因此错失了许多有巨大发展潜力的业务。

3. 用远大目标教育高级干部

杰克·韦尔奇的朋友们曾经透露,公司的衰落使他感到痛苦。他给自己打分为 A,而给了自己选择的继任者 F 的成绩。2017 年底,杰克·韦尔奇对媒体说:"我期望的更多。我做出了我认为可以做出的最佳选择,但事实上并非如此。"[1]

看来杰克·韦尔奇最终还是没能真正领悟,什么是"长期主义",什么叫"延迟满足"。任正非十几年前就默默投入巨资,发展芯片业务作为"备胎";华为十多年前就根据一位土耳其教授的数学论文,几千人一起研发 5G 技术,做到了世界第一;在即将到来的物联网时代,任正非表示,华为在这个领域"比 5G 还要有能耐"。

为了让大家达成"长期主义"与"延迟满足"的共识,任正非坚持用远大目标教育高级干部,不让他们偏离主航道:

---

[1]《"商界偶像"韦尔奇去世》,载《时间财经》,2020-03-03

"二十多年来抵制诱惑是企业最大的困难。华为这么大的队伍及力量，随便攻击一个目标，都容易获得成功，从而容易诱使年轻的主管急功近利，分散攻击的目标。公司内部一直在为聚焦到主航道上来矛盾重重。"

"怎么使我们的高级干部主动抵制偏离主航道的利益诱惑呢？就是要树立公司的远大目标，树立成为世界产业领导者的宏伟目标，以实现公司远大目标作为高级干部的个人目标，而不把个人的名誉、出人头地，以及个人的权力和利益看得很重。聚焦主航道，就是聚焦大方向，聚焦公司的远大目标。"

"我们坚持在大机会时代，拒绝机会主义的方针。坚持战略竞争力量不应消耗在非战略机会点上的方针。"

如果"全球第一 CEO"杰克·韦尔奇生前能看到任正非上面这番话，他对企业家精神，会不会有新的感悟呢？

任正非曾因为 2018 年利润太多，而让常务董事会做深刻检讨，估计没有其他公司会出现这一幕——因为利润太多而挨批评。

任正非的理由是："我们战略投入不够，我们战略投入够一点儿，那我们今天的困难就少一点儿。""就像你家的土地，牛粪、猪粪撒在地里去一样，土壤肥力好了，你们家过几年庄稼就可以多收，我们现在讲要加大战略投入，就是这个原则。"

因为持续多年的巨额科研投入，华为包揽了行业关键奖项：5G 演进杰出贡献奖、最佳基础设施奖、5G 研发杰出贡献奖、世界互联网领先科技成果奖、最佳行业解决方案奖。

不论是个人还是企业，我们也可以问问自己：我能为已经看到的终局延迟满足,牺牲眼前利益,从而实现远大目标,获取长远利益吗?

PART 2

物理思维：以耗散结构对抗死亡规律

在强者如云的通信行业，华为如何以弱胜强？任正非的策略是实行"压强原则"，将有限的资源集中于一点，在配置强度上大大超过竞争对手，以求重点突破，然后迅速扩大战果，最终达到系统领先。

任正非对物理思维的运用不止于"压强原则"和"力出一孔"，还有"耗散结构"与"灰度法则"。

任正非在毛泽东的"集中优势兵力,各个击破"的军事原则基础上,结合华为实际情况,总结出了"压强原则"。

在强者如云的通信行业,华为如何以弱胜强?任正非的策略是实行"压强原则",将有限的资源集中于一点,在配置强度上大大超过竞争对手,以求重点突破,然后迅速扩大战果,最终达到系统领先。

任正非曾用坦克和钉子的比喻说明"压强原则"。坦克重达几十吨,却可以在沙漠中行驶,原因是宽阔的履带分散了加在单位面积上的重量;钉子质量虽小,却可以穿透硬物,是因为它将冲击力集中在小小的尖上,两者的差别就在于后者的压强更大。

物理学的原理应用到企业战略上,就有了"压强原则"。

华为靠"压强原则"突破了万门数字程控交换机、GSM全套移动通信设备、光网络设备……不论公司发展到哪个阶段,在项目资源配置上,华为几十年如一日地贯彻执行"压强原则"。

任正非说:"我知道我们没有那么多力量,就把力量缩窄,缩到窄窄的一点点,往里面进攻,一点点进攻就开始有成功、有积累,我们觉得这种针尖式的'压强原则'是有效的,所以我们聚焦在这个口上。这30年来，我们从几百人、几千人、几万人到18万人，只对准同一个'城墙口'冲锋，对信息传送领域进行冲锋，而且对这个'城墙口'每一年的投资量在150亿到200亿美金左右的力度。在科研投资上，我们是全世界前五名，聚焦在这个投入上，我们就获得了成功。"

实施"压强原则"，不仅是财力的高投入，也是人力的大投入。华为员工人数从1995年末的1200人，增长到2007年的75000人，2019年员工数超过19万，其中研发人员占了半壁江山。

"压强原则"还意味着：收缩战线，剥离非主营业务。

任正非对华为的业务范围有着清晰的界定："其实我们做的就是'管道'，给信息流提供一种机会。我们做的服务器存储不就是'管道'中的一个'水池'吗？终端不就是'水龙头'吗？所有这些技术都是一脉相通的。为什么华为终端的技术进步那么快？是因为我们在管道技术上的战略储备很多，我们用不完，就把这些部门划给终端，科学家都为它们服务，所以很快就跃上来了。"

"因此，跨界这个问题，我们是永远都是不会做的。前天西方记者也问我：'你们会不会造汽车？'我说，我们永远不会造汽车。我们是做车联网的模块，汽车中的电子部分——边缘计算是我们做的，我们可能会是全世界做得最好的。但是它不是车，我们要和车配合起来，车用我们的模块进入自动驾驶。决不会造车的。因此，我们不会跨界，我们是有边界的，以电子流为中心的领域，非这个领域的都要砍掉。"

"压强原则"适用于每个人、每个企业。任正非说："如果有人能专注于一件事情，那他们一定会成功。我专注的是电脑科技，如果我把精力集中在养猪上,我可能已经成为一个养猪专家了。如果我专注于做豆腐,我可能会成为豆腐大王。"

"压强原则"也是国家的富强之道。任正非说:"中国现在又冒出来很多企业,其实也跟华为一样,也是专心致志地做一件事的。一个人一辈子能做成一件事已经很不简单了,为什么?中国13亿人民,我们这几个把豆腐磨好,磨成好豆腐,你那几个企业好好去发豆芽,把豆芽做好,我们13亿人每个人做好一件事,拼起来就是伟大祖国。"

任正非还有一个与"压强原则"类似的理念:"力出一孔"。

华为从30多年的实践中总结出,企业发展首要的是要控制住资源分配的方向,聚焦主航道,坚持"针尖战略",做好一件事情,这就是"力出一孔"。

任正非从物理学的视角领悟出"力出一孔":"大家都知道水和空气是世界上最温柔的东西,人们常常赞美水性、轻风。但大家又都知道,同样是温柔的东西,火箭可是空气推动的,火箭燃烧后的高速气体,通过一个叫拉法尔喷管的小孔,扩散出来的气流,产生巨大的推力,可以把人类推向宇宙。像美人一样的水,一旦在高压下从一个小孔中喷出来,就可以用于切割钢板。可见力出一孔,其威力之大。"

作为个体的人如同轻风、细水,也是柔弱的、不起眼的,但大家朝一个方向团结起来,就能创造出令世人瞩目的奇迹。任正非指出:"华为是平凡的,我们的员工也是平凡的。但我们这平凡的15万人,25年聚焦在一个目标上持续奋斗,从没有动摇过,就如同是从一个孔喷出来的水,从而产生了今天这么大的成就。这就是力出一孔的威力。"

"我们继续坚持在主航道上奋斗。我们相信每比特流量成本下降的摩尔定律；我们除了在电子学、工程学上加倍努力外，更将持续在数学、物理学、化学、脑科学、神经学等上进行投入；研究解决大流量与低成本低时延的关系，同时，高度重视研究人工智能、边缘计算能力……在联接、终端、云……构建技术制高点的掌控力，打造突破封锁的铁拳；我们要从同质化的竞争中挣脱出来，探索合理的商业模式和商业规则，形成对产业的控制力及在产业链中的不可替代性；带领产业走向欣欣向荣的发展之途，推动人类社会向数字化智能化发展，为人类社会创造出更多的财富。"

任正非对物理思维的运用不止于"压强原则"和"力出一孔"，还有"耗散结构"与"灰度法则"。

一、熵增定律：任正非为何坚持对外开放？

任正非说："前些年我提出活下去作为华为的最低纲领，现在我终于明白了，活下去是企业的最高纲领。""我们研究熵增定律里面的熵死现象，是为了避免华为过早死亡，避免过早死亡就要了解关于死亡的终极理论。"

1. 企业发展的自然倾向，是从井然有序走向混乱无序

任正非发现，自然科学与社会科学有着同样的"熵增"规律。"熵"就是无序的混乱程度，"熵增"就是说世界上一切事物发展的自然倾向都是从井然有序走向混乱无序，最终灭亡。对于企业而言，企业发展的自然法则也是熵由低到高，逐步走向混乱并失去发展动力。

任正非说，"死亡是会到来的，这是历史规律"，但是，"我们的责任是应不断延长我们的生命"。任正非创业后期经常讲的"开放、妥协、灰度、耗散、熵减、反脆弱、创造性毁灭"，源头都在于对抗熵增规律。

我们先大体了解一下关于死亡的终极理论——熵增。

物理理论与生物理论有个重大矛盾，宇宙的演化是朝着熵增的

方向，而生命进化的一个主要特征是负熵。

熵描述了一个体系的混乱程度或者说无序化程度。宇宙的能量总和是一个常量，而每一次能量转化，必然有一部分"有效能量"变成"无效能量"（即熵），因此不难推论，有效能量越来越少，无效能量越来越多。直到有一天，所有的有效能量都变成无效能量，那时将不再有任何能量转化，这就叫宇宙的"熵死"，或者说"热寂"（Heat Death）。[1]

熵增原理是说孤立系统的熵只会增加，不可能减少。比如，如果房间无人打扫（孤立系统），不可能越来越干净（有序化），只可能越来越脏乱（无序化）；你喜欢的一家酒店，第五次、第六次去住，你会发现，地毯慢慢变脏了，墙纸开始脱落了，卫生间也开始漏水了；倒一杯开水，开水会慢慢变成凉水，而且，这个过程是不可逆的，凉水不会再变回开水，除非你把它拿到炉子上去加热。一个孤立的系统里的秩序总是慢慢走向崩溃的，除非从外面输入能量。

但进化论发现，生命的发展是从简单到复杂，从低级到高级，比如，从单细胞生物到多细胞生物，从鱼类到人类，也就是说生物是朝着从无序向有序这个方向发展的。

诺贝尔化学奖获得者普利高津的耗散结构论解决了熵增理论与进化论之间的矛盾。

2. 出路在于耗散结构：远离平衡的开放系统

耗散结构就是一个远离平衡的开放系统。对于孤立系统来说熵

---

[1] 阮一峰：《熵的社会学意义》，载《阮一峰的网络日志》，2013-04-09

是增加的，总过程是从有序到无序。而对于开放系统来说，则由于通过与外界交换物质和能量，可以从外界吸取负熵来抵消自身熵的增加，使系统实现从无序到有序、从简单到复杂的演化。这种新的有序结构就是耗散结构。

比如激光，当外界输入的激发能量达到某个临界值时，就会突然发出单色性的方向性很强的激光光束，使整个系统成为有序状态。再比如计算机系统是高度有序的系统，维持计算机系统的秩序，需要大量人类思维的输入。

生物、社会和企业都属于耗散结构：生物要吸收养料排出废料，不断进行新陈代谢；一座城市要输入食品、能源以及生产所需的原料，要输出产品和垃圾，这样才能保持稳定的高度组织化的有序结构；企业也是一个典型的耗散系统，企业最基本的过程就是"投入——产出"，一方面是原材料与能源的输入，一方面是产品的输出和资金的回收，一旦停下来，企业内部所有秩序或结构都将会瓦解。

耗散结构需要符合三个条件：开放系统、远离平衡态和正反馈系统。

例如，改革开放之所以成功，是因为它高度符合耗散结构的三个条件：

第一，开放系统，国家从外部引入信息、能量、资金、人才，不是只在国家内部进行交换；

第二，远离平衡态，从计划经济到市场经济，政府把权力交给市场，把内部的控制力变弱；

第三，正反馈系统，最重要的机制就是打破大锅饭，按劳分配，这会激励所有人去奋斗。

任正非专门从耗散结构论的"开放系统"角度提出过对改革开放的认识：

> 改革开放30多年，是邓小平释放了中国能量。30多年前，中国的生活条件大概是这样的：我们不知道房间里面会有洗手间，我们不知道洗手间是可以很干净的。整个思想结构上处于一种封闭落后的状态，如热力学所说的封闭定律。
>
> 热力学讲不开放就要死亡，因为封闭系统内部的热量一定是从高温流到低温，水一定是从高处流到低处，如果这个系统封闭起来，没有任何外在力量，就不可能再重新产生温差，也没有风。
>
> 第二，水流到低处不能再回流，那是零降雨量，那么这个世界全部是超级沙漠，最后就会全部死亡，这就是热力学提到的"熵死"。社会也是一样，需要开放，需要加强能量的交换，吸收外来的优秀要素，推动内部的改革开放，增强势能。
>
> 外来能量是什么呢？
>
> 外国的先进技术和经营管理方法、先进的思想意识冲击。但是思想意识的冲击有正面的，也有负面的，中国到底是得到了正面的还是负面的？中国这三十年的繁荣，总体来说，我们得到了正能量，虽然也有负能量进来。
>
> 常有人说和西方合作，至今没拿到技术。我们是要技术，还是要繁荣？当然我们是要繁荣。有技术更好，没有技术我们也繁荣了，人们的思想意识在改变，受教育程度也在改变，国

人改变了，其实这个社会基本启动了。

现在习主席推动深化改革开放，逐渐让中国不要回到自给自足。其实这些思想意识与体制的创新，并不单单是技术。它对未来100年释放的能量是不可估量的。中国今天还不算十分强大，即使非常强大了，也要向世界开放。其实美国200多年的发展历史，就是开放的历史。

华为这28年来，坚持做一个开放的群体，始终没有停止过开放。我们以开放为中心，和世界进行能量交换。只有开放，才有今天的华为。

计算机科学家吴军也曾从开放系统的角度评价苹果公司的成败："苹果现在想跨界，但是大家其实一直不看好，在过去几年，它是在吃乔布斯那个时代的老本。只有这老本吃光了，你才发现说，这家公司面临这么大的困境。听说库克也说要让位了，它又完全走回到第一次的时候，就是乔布斯那个时代之前。斯卡利（苹果前CEO）他们跟微软竞争，一个很失败的格局，它的问题在于，它自成一体之后，每当它遇到一点点问题，就说没有人能帮它。操作系统是它的，手机也是它的，所有都是它的，商店也是它的，它还收你30%的钱，所以在这种时候，就是说它是一家公司在跟整个行业竞争。当初苹果机输给微软的时候，就是这个原因，那今天它跟安卓比，市场份额是在不断下滑，在中国其实就已经能看到了。"[1]

---

[1]《腾讯前高管：谷歌平庸，苹果吃乔布斯老本》，载《和讯网》，2019-07-18

二、炸开金字塔尖，共同探索战略方向

任正非会见索尼CEO吉田宪一郎时，总结了自己经营管理的两大要点：方向感与组织活力。在寻找正确方向的方面，任正非打造了一个"开放系统"。

1. 任正非的企业成功"两点论"

任正非经过多年的观察、实践、学习和思考，认为要打造成功的企业，必须做到以下两点：

第一点是要有方向感，包括客户需求的方向感、未来技术创新的方向感。当然，技术创新实际上也是客户需求，未来的客户需求。不断调整方向，方向要大致正确。方向并不一定要求绝对正确，绝对正确的方向是不存在的，太机械教条。

第二点是组织要充满活力，要敢于在内部组织与人员中迭代更新。比如，作战组织要保证一定比例的基层人员参与决策层。

任正非说的这个方法，对于解决很多企业的人才断层问题，很有借鉴价值：

> 最高层司令部的"战略决策"，允许少量新员工参加；再下一层级叫"战役决策"，如区域性决策、产品决策等，不仅是新员工，低职级员工也要占有一定比例。层层级级都实行"三三制"原则，要让一些优秀的"二等兵"早日参与最高决策。
>
> 以前大家排斥他们，有人问"新兵到最高决策层做什么？"，帮领导"拎皮包"也可以呀！他参加了会议，即使很多内容听不懂，但是脑袋"开了天光"，提早对未来作战明白，而且他们还年轻。新生力量就像"鲶鱼"一样，把整个鱼群全部激活了。
>
> 因此，迭代更新很容易，我们不用担心没干部，而是担心后备干部太多了，不好安排他的工作。后备干部太多，在职干部就不敢懈怠，否则很容易被别人取代。

任正非对外这么说，对内同样强调"两点论"。2017年，他在公司战略务虚会上明确指出："一家公司取得成功有两个关键：方向要大致正确，组织要充满活力。这里的大致正确的'方向'是指满足客户长远需求的产业和技术。"

马云的接班人张勇有着与任正非类似的观点，一把手不可推卸的责任是两件事，确定战略方向（商业设计）和进行组织建设：

第一，你要做什么业务，你要服务什么客户，你要为他提供什么服务？这个我总结为商业设计。商业设计是一号位不可推卸的责任。你的团队，你指哪儿，大家打哪儿。但是你自己心里要不断去思考，公司走到现在,要走向未来,我的客户是谁,他有没有发生变化,我原来给他提供什么服务,我今天要给他提供什么服务,未来他还需要什么服务,跟我有什么关系?这就是整个商业模式设计。

第二,在商业设计以外,组织设计是企业一号位不可推卸的责任。今天在实战当中,大家对于第一个问题花了很大心思,但在第二个问题上,可能花的功夫没有第一个那么大。第二件事情为什么这么重要?第一件事是解决生产力的问题,第二件事是解决内部生产关系的问题。

"企业的问题无非是两种,要么是战略出了问题,要么是执行出了问题。"任正非所说的"方向"就是战略问题,"组织"就是执行问题。华为在解决企业两大问题上做了大量探索,取得了丰硕成果,"开放"是其中的重要经验。

2. 用决策的开放性保障战略方向的正确性

在实践中,任正非做到了以下三点:一是加强学习,从书本等方面博取众家之长,形成自己的思维;二是做决策时充分接触一线,了解真实情况,听取大家的想法;三是推行CEO轮值制度,集体决策。

曾有记者向任正非提问:"您平时判断问题的方法论是什么?如何判断一件事重不重要,怎么做?"

任正非是这样回答的:

> 其实没有方法论,我是一个杂家,四五十年来我就是不断学习。我年轻时是一本本书看,现在是横向碎片化地看,但是

我已经有了一本本书看的消化整理能力，再组合成自己的思维方式，更多看长远的国际洞察。

平时，我早上8点到办公室，开始修改文件，9点开始开会，午觉之后多数时间开座谈会，听听大家的想法。

我们内部都敢讲真话，潘少钦写了"任正非十宗罪"，我第一个收到，读完之后我就贴到心声社区全公开了，允许大家讲真话。我们心声社区上基本都是真话，我上心声社区，主要看看跟帖对我们正文的批判是什么，从中了解情况。

有人说"你是思想家，注意安全，不要到处跑了"，我不接触战场，怎么产生思想？我要接触前线，才知道真实情况。当然，这两年我不怎么跑市场前线了，但是战略性科研前线还是要跑的。

任正非提升判断力，一是通过不断学习和市场调研提高自己的水平，二是广开言路，吸收大家的智慧。

华为《人力资源管理纲要2.0》从几个层面讲到，高层对未来要有洞见力，对客户要有洞察力，还要有对人性的洞悉力，能够洞悉人性。企业的整个人才机制，要能够让企业对变化与需求有洞察能力。[1]

任正非在2016年明确表示：

---

[1]《华为公司人力资源管理纲要2.0总纲（公开讨论稿）》，载《心声社区》，2018-03-20

对于华为未来二三十年的发展，华为未来的发展，就是我们一定能活着，而且一定能成功！因为我们在七八年前就已经把人才"金字塔"顶端炸掉了。"金字塔"是一个封闭的模型，塔尖的这个人有多宽的视野，"金字塔"就有多大。现在炸开了塔尖，组合了非常多的精英，战略方向和前进方向是靠大家共同去探索出来的，而不是靠一个人来判断局势。大部队最大的问题（关键），就是方向不能错。大部队的方向不出现差错，我们就不会灭亡。比世界还大的世界，就是你的心胸。

而轮值 CEO 制度，是任正非提高战略方向正确性的一个具体方法。任正非在《一江春水向东流》一文中写道：

"过去的传统是授权于一个人，因此公司的命运就系在这一个人身上。'成也萧何，败也萧何'。非常多的历史事实证明这是有很大风险的。而现在授权一群聪明人做轮值 CEO，让他们在一定的边界内，有权面对多变的世界作出决策，这就是轮值 CEO 制度。轮值期结束后他们并不退出核心层，就可避免'一朝天子一朝臣'，使优秀员工能在不同的轮值 CEO 领导下，持续在岗工作。一部分优秀的员工使用不当的情况不会发生，因为干部都是轮值期间共同决策使用的，他们不会被随意更换，这使公司可以持续稳定的发展。"

任正非实施轮值制度有两层用意："轮值董事长制度就像赛马机制一样，可令企业在创业、创新上马不停蹄，永葆旺盛活力，这也是华为成功的一大因素。另外，通过'江山轮流坐'方式，还可以历练和培养未来的接班人，增强企业高管的主人翁意识。"

任正非曾对索尼CEO吉田宪一郎详细地解释过华为的轮值制度：

> 如果公司某一个人有绝对权威，随意任命干部，其他人又不得不承认，这样公司的用人机制就会混乱。
>
> 我们公司有三个最高领袖，一个人说了不算，必须要征求其他两个人的看法和支持。他们三个人的思维方式达成一致以后，还要经过常务董事会讨论，举手表决，少数服从多数；常务董事会通过以后，提交董事会表决，也是少数服从多数。这就制约了最高权力，维护了公司干部体系的团结，避免了个别领导不喜欢的干部在公司受到排斥。
>
> 这个决策过程是慢的，四慢一快（决策之后的行动非常快）。

任正非大量阅读历史著作，充分吸收了西方社会的权力制衡理念：

> 董事长代表持股员工代表大会对常务董事会进行运作规则管理，监事会对其行为进行管理，这样我们就形成一个机制——"王"在法下，最高领袖要遵守规则制度。"法"就是管理规则。第二，"王"在集体领导中，不能一言堂，他可以提出意见来，通过大家集体表决，这样控制最高领导层不会冲动。
>
> 我们从上至下的行动之所以非常一致，是因为有一个"立法权高于行政权"的制度。社会有一种传统说法"县官不如现管"，立法权就被架空了，我们强调立法权大于行政权，我们建立规则时，广泛征求了基层干部的意见。可以批评，可以反对，

制度形成后就必须被执行，不执行就要被免职。

企业家往往都很忙，但集体决策解放了任正非。

央视记者曾好奇地问他："为什么您在大家都在关注中美贸易争端、在关注这个背景下华为的未来的时候，您不关心这个，您关心的是我们的教育？"

任正非的回答很能体现华为"炸掉金字塔顶端"的成效："华为的未来不用我想，我们下面的人就应该想得比较清楚，他们只是希望我支持一下就行了，我不需要具体地去操心华为太多的事情。我在华为已经是个'傀儡'了，这个'傀儡'就是人家来问你一下就算数，不问我我就不知道。"

任正非还曾表示："如果有一天员工不需要我了，联合起来推翻我，我认为是好事。我认为这恰恰是企业成熟的表现。"

3. 只有依靠集体智慧才会有未来

任正非认为，不管是企业发展，还是科研突破及实践运用，都需要大批人才，需要依靠集体的力量，而不仅是少数个人。

任正非在"2012实验室"与干部和专家座谈时表示：

今天和专家座谈，你们的问题我答不出来，不是我的羞耻，而是我的伟大。为什么呢？我容忍你比我厉害，就是我的伟大。如果我认为自己是最高，华为是一个宝塔结构，那么我只有晚上不睡觉，我一睡觉华为就矮了嘛，睡平了嘛！站着我才高一点儿。我能永远不睡觉么？

不可否认，个人的力量很重要，比如某个人提出的战略性观点或理论突破，但突破完了，他就是矮子了。就像李英涛和何庭波今天和我讲，石墨烯的问题，一旦突破，拿了诺贝尔奖就结束了。他就是当了一把黄继光，当完就完了。

为什么？由理论突破引发的后面排山倒海般的冲锋，爆炸式的知识增长，他光是读这些东西都读不过来。当前人类社会知识的发展程度，远远超越了任何一个过往的时代，因此只有依靠集体力量才会有未来！

一个人在成功之后往往就会狂妄自大，因此几千年来的一些封建社会的明君，晚年普遍干一堆糊涂事。任正非能始终知道自己的不足、集体的伟大，正是他最难能可贵之处。

三、华为的研发战略：立足于开放的自主创新

以技术实力取胜，是华为战略的一大核心。很多人不太理解，为何华为作为一家企业，却特别强调基础研究。华为大体的逻辑是：华为有一万五千人做基础研究，负责把钱变成知识；还有六万名工程师负责把知识变成钱。

任正非的思路是：如果不做（基础研究），华为就不能领导或领先这个时代，那就不能赚超额的钱，也就不可能有超额的投资，那华为就变成一家代工厂了。

任正非曾说过：

> 我们为什么能胸有成竹一路领先？在电子上我们已经做出最先进的芯片 ARM CPU、AI 芯片；在光子的交换上，我们也是世界最领先的；在量子方面，我们在跟随，至少在研究别人的量子计算机出来后，我们怎么用。
>
> 我们在电子、光子、量子这三者之中，有两者是走在人类社会前面的，量子计算是跟在后面的。所以开展基础研究，才

可能有超额利润，才有钱做战略投入，才能领导社会前进。

这个道理也适用于整个国家，任正非指出："如果中国没有基础创新、没有基础平台，外国把平台一抽，就空了。安卓一抽我们就空了，Windows一抽我们就空了。我们国家怎么创造平台？要有理论，理论的基础是数学、物理、化学、神经学、脑科学……"

二战后美国科技创新体系的奠基人范纳维尔布什同样指出："一切新产品和新工艺都不是突如其来、自我发育和自我生长起来的。它们皆源自于新的科学原理和科学概念。新科学原理和科学概念则必须来自最纯粹科学领域持续不懈的艰难探索。如果一个国家最基础的前沿科学知识依赖他人，其产业进步必然异常缓慢，其产业和世界贸易竞争力必然极其孱弱。"[1]

任正非还曾谈到华为投资基础研究的另一个理由："我们为什么要走在前面？新技术进入时代的周期变短了。过去是等到科学家做方程，经过五六十年，终于发现这些方程有用。从电磁理论，又经过五六十年，发现电磁理论可以用于无线电；又经过了几十年……今天已经不可能了，这个过程缩短非常厉害，即使不能叫毫秒级，也是极短级。如果我们还是等着产业分工，不进入基础研究，就有可能落后于时代。"

同时，任正非强调，基础研究要立足于对外开放，如果（只靠）

---

[1]向松祚：《从任正非答记者问看中国未来真正需要提升的是什么？》，载《搜狐网》，2019-05-26

自主创新，就把华为变成了一个封闭系统。

任正非说："第一，自主创新就陷入熵死里面，这是一个封闭系统。我们为什么要排外？我们能什么都做得比别人好吗？为什么一定要自主，自主就是封建的闭关自守，我们反对自主。"

"第二，我们在创新的过程中强调只做我们有优势的部分，别的部分我们应该更多地加强开放与合作，只有这样我们才可能构建真正的战略力量。我们非常支持异军突起，但要在公司的主航道上才好。我们一定要避免建立封闭的系统。我们一定要建立一个开放的体系，特别是硬件体系更要开放。我们不开放就是死亡，如果我们不向美国人民学习他们的伟大，我们就永远战胜不了美国。"

任正非区分了作为精神的自主创新和作为策略的自主创新：

"在精神上我是支持自主创新的。所有科学家的创新都是自主的，它是一种精神。我认为在尖端的未知上更多地强调自主创新是可以的，比如嫦娥4号，人家不给你，那你得自主。但是我们不能在低层面上强调自主创新，一个螺丝钉你也要自主？日本、德国的中小企业很了不起，日本一家企业几十年就做一个螺丝钉，这个螺丝钉最大的特点就是永不松动，全世界各处的高速设备、高铁、飞机全部都用这家螺丝钉。我去过莱卡，莱卡就是一个乡村工厂，一个老太太，35年就做涂外层油漆的工作，说机器不能代替，做不到她那么精细，所以她还在做。我觉得踏踏实实做好一件事是可以的，但不要说人家已经做好了，我非要重复做一下才能证明自己是光荣伟大的。我认为只有开放才可能快速地实现目标。"

人类社会进步快，是因为后人快速吸收以往积累的知识，一下

子站在了巨人的肩膀上。任正非强调了这个进化规律:

"我们的使命是为人类的繁荣创造价值,为价值而创新。创新一定要为这个目的,不能为了创新而创新。首先自主创新的提法本身有片面性,我们要站在巨人肩膀上前进。如果我们从地上自己一点点爬起来,当爬到巨人肩膀上时,已经过了三千年。为了更快、更好地实现我们的目标,充分吸收利用人类的一切文明成果才是聪明人,因为这样会提高你生命周期的效率。人的生命很短,学这个、学那个,等到满是学问时,你已经90岁了,还可以像年轻人一样作贡献吗?如果有返老还童药,那你应该很伟大。只有未来的智能机器人,才可能在19岁的年龄拥有90岁的智慧。所以在创新过程中,我们要在有限的生命里,吸取更多能量,缩短创造财富的时间和精力。如果别人合理收取我们一点儿知识产权费,其实相对更便宜,狭隘的自主创新才是最贵的。"

1. 企业科研术业有专攻,要和世界达成互补性的关系

任正非总体上对华为的基础研究还不够满意,认为这30年,其实华为真正的突破是数学,手机、系统设备是以数学为中心,但是在物理学、化学、神经学、脑学……其他学科上,华为才刚刚起步,还是落后的,未来的电子科学是融合这些科学的,还没有多少人愿意投奔华为。所以,在科学构建未来信息社会的结构过程中,华为还是不够的。

此外,任正非深刻地意识到华为在研发过程中也存在"前有阻碍,

后有追兵的情况"。

关于无人区,当时最主要是讲"时延"问题,比如现在无人驾驶等都是时延问题。前段时间,我太太和我小女儿在欧洲乘坐德国无人驾驶汽车在高速公路狂奔了两个多小时,欧洲已经在进入 L3 阶段的无人驾驶。大家也看到我们和奥迪在无人驾驶领域的合作,也是 L3 阶段。无人驾驶最高是 L5 阶段,达到 L5 阶段 5G 开始起作用,但是还有时延问题。

所以,现在真正无人区的探索就是降低时延,任何电路都一定有电容、电阻,一定会产生时延,人类社会要求无时延的时代是不存在的。时代发展进入饱和曲线阶段,我们刚好在这个曲线的平顶上,新公司很容易追上我们。这就是我们认为未来的风险。你们看,现在做一个电子产品多简单,买几个芯片一搭就出来了。我们的优势慢慢也不再是优势,这个领域里,我们担忧也跑不动了。

任正非认为,芯片的散热技术,是未来科技竞争的一个焦点:

这次总理去比利时参观了 IMEC 的一个设计平台,总理看到这个平台能把人类电子带宽提高到 3 纳米和 1 纳米。如果到了极限,还满足不了人类的需求,石墨烯这时也还不能替代硅,怎么办?我们就把芯片叠起来,但最大的问题是要把这两个芯片中间的热量散出来,这也是尖端技术。所以说,热学将是电子工业中最尖端的科学，这方面我们的研究也是领先的，就是太抽象了。所以，应对未来的挑战，我们都在找路，但如果慢慢找来找去找不到，追兵也很快到了。

在找路的过程中，华为并不是凡事依靠一己之力。任正非与"2012诺亚方舟实验室"专家座谈时强调，华为的科研"不是要做一个全方位的综合科学院"，以免一事无成。

前一段时间，我认为用物理方法来解决问题已趋近饱和，要重视数学方法的突起。那天与何庭波、李英涛交流时，他们说，石墨烯的出现，也许会打破人类的预测。

我曾在和能源业务讲话时提过，华为公司的优势在于数理逻辑，不在物理界面。华为公司一定要在优势方面集中发挥。所以在材料科学方面，我更多地倾向于材料应用上的研究，而不是在材料的创造发明上。比如日本正在从整机收缩到部件，从部件收缩到材料，这对我们公司来说是一个天大的好时机，日本拼命做材料科学研究的时候，我们研究的是怎么用这些东西，使产品比美国做得好，我们就用了巧力。大家都认为日本和德国的机器可靠，为什么不让日本人、德国人做我们的中间试验，把关我们产品的质量，好坏让日本员工、德国员工去定义。

中国的宗教是玄学，玄学是模糊科学，对创造发明有好处，但对做可靠的产品不一定有好处。我们要花精力理解你做这个创造发明对我有什么用，从这个角度出发，我们和世界达成互补性的经济关系，多交一些朋友，才能有助于达成主要的战略目标。所以在材料科学上我更多倾向于应用，即应用最新科技材料。

我们的基站为什么还达不到更高的水平，因为还有一些日本的材料成本太高，目前我们还不敢用。材料实验室能不能研究怎么用日本的材料，研究明白了，材料价格降下来时，我们就用来武装自己，产品一下子就成世界优秀了。我们不是要做一个全方位的综合科学院，什么都做，最后一事无成。

2018年11月，任正非在华为日本研究所业务汇报会上强调技术资源的整合，"集成（各国技术优势）的产品就是最有竞争力的"。他说："我其实什么本领都没有，我读大学的时候刚好碰上'文化大革命'，大学读了三年，相当于一个大专生，大家都没有学问，我稍微高一点儿，就爬出来了。你们都是博士硕士大学生，我比不过你们，但我也很有本领，提了一桶浆糊，把大家粘在一起，外界说我强大，实际上我还是啥也不懂。将来我们的手机、系统设备等也是一桶浆糊，我们把日本的技术、法国的数学，全世界先进的东西粘在一起，集成的产品就是最有竞争力的，赚了钱大家一起分，这就是分享制。"

2. 用高薪锁定全球的天才资源

任正非一直强化一条管理原则：人力资本的增长优于财务的增长，人力资源管理是企业商业成功与持续发展的关键驱动要素。

作家万维钢参观华为时了解到，有个高手因为想读博士而拒绝到华为上班，华为干脆就一年20万美元请这个人当顾问，结果他就在读博士的同时，帮助华为解决了一个关键问题。[1]

任正非曾多次提起一位给华为立下汗马功劳的俄罗斯科学家："俄罗斯有个科学家小伙子，大数学家，这小伙子不会谈恋爱，就只会做数学。他到我们公司来十几年，天天在玩电脑，不知道在干什么。然后我们管五万研发人员的人到莫斯科去看他，打个招呼，一句话就完了。我给他发这个院士'牌牌'（颁证）的时候跟他讲话，'嗯、嗯、嗯'，三个'嗯'完了，没有了。"

"他不善于打交道，他十几年默默无闻在干啥，我们并不知道。突然告诉我，我们把2G到3G突破了，这个算法突破了。一讲，我们马上在上海进行实验，实验确实证明了，我们就这么一下，就领先全世界。"

这个算法使得华为用一个基站能同时处理2G和3G信号，而且基站的体积和重量比原来的小了一半，不仅成本降低了30%，而且可以放在楼房顶上，不用专门再建个发射塔，种种优点使得华为的通信基站横扫欧洲市场，进而成为全球第一大通讯设备商。

尝到引进天才甜头的任正非表示："（2019年）我们将从全世界招进20-30名天才少年，明年我们还想从世界范围招进200-300名。这些天才少年就像'泥鳅'一样，钻活我们的组织，激活我们的队伍。"

任正非强调人才争夺要有紧迫感：

---

[1] 万维钢：《华为是中国公司吗？》，载《得到APP》，2020-03-03

"西方公司在人才争夺上,比我们看得长远。发现你是人才,就去他们公司实习,专门有人培养你,这不是我们大学毕业找工作的概念。"

"我们扩大了与美国公司争夺人才的机会窗,但我们的实力还不够。对世界各国的优秀大学生,从大二开始,我们就给他们发 offer。这些孩子超级聪明,举一个例子,新西伯利亚大学连续六年拿到世界计算机竞赛冠军、亚军,但是所有冠军、亚军都被 Google 用五六倍的工资挖走了。从今年开始,我们要开出比 Google 更高的薪酬挖他们来,在俄罗斯的土地上创新,我们要和 Google 争夺人才。"

任正非认为,引进天才如果要系统化,那就是在天才所在的地方建立研究机构。

据说,华为在爱尔兰有个研究所,爱尔兰政府官员问华为:"你们这个研究所为什么不放在大城市?为什么要放在那么偏的一个地方呢?"华为说,这是因为爱尔兰有位科学家不想离开自己的家乡,我们只好在他家乡给他开个研究所。

任正非强调:"没有谁在限制我们的科研,我们也不要自己约束了自己,要敢于到贴近人才资源的地方进行研究活动,在每个研究所形成自己的技术要素,对行业发展形成牵引。"

任正非是这么想的,也是这么做的:华为的工程中心在日本,因为日本的质量管理非常极致;射频技术方面,华为在瑞典建立了研究所;算法研究所在俄罗斯,那里有很多数学家;石墨烯研究所在英国;AI 相关情报机构在硅谷……

美国的打压,不能阻止任正非的人才全球化战略:"战略布局,我们唯一觉得困难的是美国。别的国家没有困难，英国这些国家是非常欢迎我们大规模投资的。我们把加拿大的人才用尽了吗？把英国人才用尽了吗？这个世界的人才除了美国就没有了吗？我不相信，比如Facebook扎克伯格是新加坡公民，不是美国公民，就可以招聘他，不受美国限制呀。"

"比如，我们要在英国建立一家光芯片工厂，已经购买了500英亩土地。因为我们的光芯片是在英国做出来的，绝对领先世界很远的距离。我们将会建设成像溪流背坡村这样漂亮的环境，来吸引世界人才。"

"因为加拿大的生态很好，美国收紧了对科学家的签证，加拿大应开放对科学家的签证，就会有中东、东欧国家的大批科学家愿意到加拿大生活，我们就引进到加拿大搞科研。这就是2017年我在加拿大待了很长时间的目的。"

任正非对几个科技大国的优势与人才做过点评，值得各家企业参考。

（1）俄罗斯

任正非认为，俄罗斯的数学、物理、软件都很厉害，"我们也要加大对俄罗斯人才的获取，要大规模利用俄罗斯的博士来弥补我们理论上的不足；在俄罗斯的布局未来会迅速扩大，分阶段,先有一个点，就有了一个碉堡，有了碉堡，就建碉堡群，有了碉堡群，就建基地"。

他说："对于全世界高效的竞赛能手，例如这些年世界竞赛都在俄罗斯、东欧，我们用起薪是同级的五倍以上的年薪，把他们招来。

让这些'沙丁鱼',激活我们的组织与平台。"

任正非认为,俄罗斯的基础教育非常发达,基础理论探索方面人才雄厚。2019年2月底,任正非在莫斯科与科学家及专家对话,强调中俄的互补性:

> 俄罗斯这二十多年来,没有泡沫经济,大家安心做学问,理论造诣很深,我很高兴与你们同事,更欢迎你们引进优秀的朋友、老师、博士……进来,成倍地扩张。我国经历长时间的泡沫经济,对学风有较大冲击,但工程创造上仍有很大的进步,面向长期的理论探索还不足,我们互补是有好处的。
>
> 我们要突破无人区,创造出人类更需要的产品,更需要加大基础研究的投入,当然基础研究的基础是基础教育。俄罗斯数学、物理、化学、材料、计算机科学等的基础教育非常发达,许多学校都是连续六七年是世界数学、计算机竞赛冠军,人才辈出。中、小学的教育也比较科学。我又重看了七八十年前的《乡村女教师》这部电影,深受感动。现在各国大多数优秀人才都去美国了。如果他们仅仅是因为待遇问题,我们就敢于和美国争夺人才,我们可以待遇比美国高,让他们在祖国也能创业。

任正非吸引俄罗斯专家的策略是:"我们要提高俄罗斯大学教授、科学家来讲座的待遇,吸引他们蜂拥而来,他们可以带来一阵"轻风",也可以全球直播。欢迎他带博士来实习,敞开怀抱,像美国200年来那样开放,把一切优秀的人才吸引来一起创业。也用200年时间使我们也变成像美国一样强大。"

（2）法国

任正非很看重法国的数学优势。

他认为，工业革命的基因还在欧洲，这些基因都是一颗颗珍珠，欧洲需要一条线把这些珍珠串起来，变成项链。"如果你带着一根线到非洲去，是穿不成项链的，只有带个铁锹到非洲去挖一些矿产"，欧洲在科技基因上还是非常强大的。他认为，人工智能的根本是数学，世界上数学最发达的两个国家：第一个是法国，第二个是俄罗斯。

关于法国的数学，任正非非常推崇，表示要加大对法国研究力量的投入，吸纳更多的优秀数学家。他认为，人工智能的本质就是数学，目前华为手机照相技术在世界上最好，就是由法国数学家设计的。

> 我喜欢法国的数学，法国的高等师范是全世界最厉害的数学学校。我们还会继续加大在法国的投资，主要在研发领域。华为现在有五个研究所在法国，可能还会逐步增多、扩大，科学家的数量会大幅度增加。逐渐走向人工智能的生产方式以后，人员的增加不会显著，但对未来新技术的探索会显著增加。
>
> 法国是一个具有良好投资环境的国家，法国以数学为中心，是世界上科学技术最发达的地区，这与拿破仑在几百年前确定"数学立国"有很大的关系。人工智能的本质就是数学，我们在人工智能上要加大发展，在法国的投资发展还会继续加强、继续深入。

任正非介绍了数学的一个重要应用领域:"现在我们刚刚初步体会到人工智能对我们的影响,我们手机的照相技术目前是世界上最好的,其实就是法国的数学家设计的,用数学的方式合成图像。未来人工智能将会在更广泛的领域发展,还要吸纳更多优秀的数学家加入到我们公司。"

(3)日本

华为副董事长胡厚崑表示,华为以日本为师:"为什么要在横滨建立日本研究所?目的很简单,就是用一种全新的方式与日本的优秀人才和日本产业界进行深入、广泛的合作。从华为成立的第一天开始,日本产业界一直是华为学习的榜样,无论是认真细致的工作精神、吃苦耐劳的工作态度,还是在器件及尖端技术的研发方面,华为的发展都离不开与日本产业界的合作。日本有优秀的公司、非常好的技术、非常精深的文化,因此是一个非常好的选择。"

任正非用高薪激励员工学习日本企业的优势:"日本在电子制造的工艺能力,是极强的。日本工业在全球化步伐中前进不够,而造成一部分企业衰落。我们正好把这些优质的电子生产基因吸引过来,直接应用在生产线各级岗位。为了防止中方员工心里不舒服,我们强调对标学习,你达到日本员工的标准,就发给你与日本员工一样的工资。这样生产线一下子跳到世界先进水平,全体员工的学习积极性也起来了。"

（4）加拿大

随着美国走向封闭，任正非越发看重加拿大的科研环境。

他去加拿大的次数比较多，其中2017年，他从加拿大东边横跨到西边，待了十几天，主要考察了加拿大的投资环境，拜访各个地方的大学。他认为，加拿大的大学都是非常优秀的，世界上三位"人工智能之父"都在加拿大。他考察以后，认为加拿大投资环境很好，准备把北美甚至世界理论科研中心放在加拿大。

任正非说："随着美国越来越封闭，很多人才拿不到美国签证，他们只可能到加拿大去开会、工作、投资。我们认为加拿大的生活环境和条件与美国差不多，所以准备用美国大规模研究方式来大幅度扩大加拿大的研究，建立大的研发中心。我已经与加拿大研究机构的负责人讲了，要准备在多伦多、渥太华、蒙特利尔、温哥华买土地，建立新的研发中心。"

任正非看好产学研一体化的前景。

他认为，华为和加拿大的合作，对双方都是有利的。"科学家有很多理论，但是他不知道在产业上有什么用；我们知道在产业上怎么用，但是在理论上不如科学家。我们结合起来，就会推动产业发展。"他认为，教授对学生讲授联系实际的知识，这些学生也不会全来华为工作，他走入社会，就推动了社会的创新；华为公司的员工也会辞职，到社会工作，就把创新带入了社会。"所以，"为什么加拿大不能产生'硅谷'，一定会的"。

他介绍说，全世界被5G这件事情闹得天翻地覆，美国把它看得比"原子弹"还恐怖。其实5G标准来自土耳其教授在2007年发表的一篇数学论文，华为投入了几千名科学家和专家来分解这篇论文，全世界其他公司也投入了几万名科学家和专家，努力做出了 5G 的标准。教授写了一篇论文，但他不知道论文有什么用，然后全世界的科学家和专家一起把它做出 5G 来，教授本人也感到震惊。

任正非强调，华为与加拿大的合作，是双赢的：

> 将来 5G 对于人工智能来说就是一个工具。三位人工智能之父都在加拿大，他们已经是人工智能理论的领袖了，为什么加拿大不能成为人工智能技术的领袖国家呢？如果加拿大在人工智能的应用上形成能力，假设人工智能辅助人类提升十倍的生产力，那么加拿大就相当于变成 3 亿人口的工业大国。加拿大最大的不足是什么？人非常聪明优秀，但是人口数量很少，所以加拿大在传统的制造模式上没有优势。当实现人工智能以后，加拿大就能发挥出极大的优势，变成工业大国。你可以参观我们的生产线，支撑一千多亿美元产值的生产系统，我们只有 6000 多名技师。
>
> 2017 年我去加拿大，三位"人工智能之父"我见到了其中两位，另一位当时不在加拿大。现在美国、中国都在人工智能领域猛追，加拿大有先发优势，一定要抓住这个战略机会。迄今为止，我们还没有改变在加拿大大规模投资的策略。

附录：

华为早期员工张建国有个深刻体会，"华为基本法"中有一种理论叫知本论，知本论不是虚的，而是真实的。每年大批的毕业生来到华为时只有几箱书和衣服，一年以后，华为把他们的知识变成了资本，配给他们期权，这就是知本论。华为就是运用知本论不断地吸收优秀人才。[1]

我们通过以下一则华为的通知，就能对华为的知本论有个感性认知。

关于对部分 2019 届顶尖学生实行年薪制管理的通知

华为公司要打赢未来的技术与商业战争，技术创新与商业创新双轮驱动是核心动力。创新就必须要有世界顶尖的人才，有顶尖人才充分挥发才智的组织土壤，我们首先要用顶级的挑战和顶级的薪酬去吸引顶尖人才。今年我们先将从全世界招进 20-30 名天才"少年"，今后逐年增加，以调整我们队伍的作战能力结构。经公司研究决定，对八位 2019 届顶尖学生实行年薪制，年薪制方案如下：

1. 钟钊，博士

年薪制方案：182-201 万人民币/年

2. 秦通，博士

年薪制方案：182-201 万人民币/年

3. 李屹，博士

年薪制方案：140.5-156.5 万人民币/年

---

[1] 张建国：《听任正非讲故事》，载《中国金融商报网》，2019-08-14

4. 管高扬，博士
年薪制方案：140.5-156.5万人民币/年

5. 贾许亚，博士
年薪制方案：89.6-100.8万人民币/年

6. 王承珂，博士
年薪制方案：89.6-100.8万人民币/年

7. 林晗，博士
年薪制方案：89.6-100.8万人民币/年

8. 何睿，博士
年薪制方案：89.6-100.8万人民币/年

任正非在华为内部经常讲"循环理论"。他说："华为能发展，首先是这个行业给了我们机会，我们抓住这个机会以后，又引进了很多人才，我们把这些人才用好，把他们激励起来以后，又获得了产品的开发，生产出产品，最后获得更大的机会，是这么一个循环的过程。"

3. 借鉴美国《拜杜法案》，资助各国大学搞科研

对于那些即便高薪也未必能招揽到的顶级人才，华为还有个很好的合作办法：效仿美国《拜杜法案》，每年拿出30多亿美元去赞助全球知名教授做研究。

任正非在这方面尝到过巨大的甜头，他曾介绍说：

大家今天讲 5G 标准对人类社会有多么厉害，怎么会想到，5G 标准是源于十多年前土耳其 Arikan 教授的一篇数学论文。

Arikan 教授发表这篇论文两个月后，被我们发现了，我们就开始以这篇论文为中心研究各种专利，一步步研究解体，共投入了数千人。

十年时间，我们就把土耳其教授数学论文变成技术和标准。我们的 5G 基本专利数量占世界 27% 左右，排第一位。

土耳其教授不是华为在编员工，但是华为拿钱支持他的实验室，他可以去招更多的博士生，华为给博士生提供帮助。华为在日本支持一位大学教授，他的四个博士生全到华为公司来上班，上班地点就在他的办公室，而且他又可以再招四个博士生，等于有八个博士帮助他做研究，所有论文等一切都归属他，不归属华为。如果华为要用他的东西，需要商业交易，这就是美国的《拜杜法案》原则，华为就是通过这样的"喇叭口"，延伸出更多的科学家。

华为经常举办世界科学家大会之类的活动，吸引了一批批科学家和青年博士。华为不断通过这种世界性的交流，为华为自己吸收能量，科学家也吸收了华为的需求，不断滚动传播。

任正非曾多次提及美国的《拜杜法案》：

"大家也知道，中国近五百年来基本没有对世界输出大的科学技术的发明、发现的贡献。在世界走向云化时，我们希望我们能有所作为。所以，我们不仅公司内有大量科学家，还支持了很多大学教授和各国科学家对未来的探索。我们这些贡献是基于人类的需要，而不是基于我们自己能否有更好的财务报表。我们对世界大学的支持，是使用像美国的拜杜法案一样的规则，对他们资助，不占有成果。"

"支持大学教授的研究我们奉行的是美国《拜杜法案》原则，《拜杜法案》是指美国政府给大学提供资金，但是政府不占有成果，由大学占有成果。我们给大学提供研究经费，我们不占有成果，这样我们在理论上超前的能力也增强了。"

华为奉行《拜杜法案》，更侧重于与领军型的专家学者合作："外面的科学家欢迎我们，因为我们就是把他们当作灯塔，我们不侵犯他们的任何利益。美国有一个《拜杜法案》，赋予大学和非盈利研究机构对于联邦政府资助的发明创造可以享有专利申请权和专利权，从而产生了促进科研成果转化的强大动力。我们也效仿《拜杜法案》，我们没有什么私心，但我们不是和学校合作，主要是和教授合作，必须有这个领军人物我才跟你合作。"

4. 创新需要解放思想：从竞争思维到开放学习、合作共赢

从国家角度上看，任正非认为民族主义和民粹主义不代表发展方向，各国之间优势互补、互利合作是趋势。他看好东盟和中日韩自贸区及"一带一路"的合作前景，认同合作共赢。

> 其实我们公司以前一直是胆小的，因为美国打击我们，我们被迫挺起腰来了，是美国把我们逼成了英雄。现在民间虽然有一些情绪，但民族主义和民粹主义不代表国家和社会的发展

方向，中、日、韩一定会形成自由贸易区，通过经济互补，促进经济发展。中日韩是一个工业性的自贸区，东盟想加入进来，一方面买工业产品，一方面卖农产品。当东盟和中日韩自贸区融在一起时，欧盟就激动起来了："我们也有很多优势的东西，想和你们合作，你们人口多，市场大。"这样"一带一路"就连起来了。连接起来后，火车走到一半要加油，中东、中亚有大量的能源，他们也加盟进来要加油，这样我们就会成为一个非常大的经济板块。在这个经济板块中，日本会起到很大的作用，因为日本是先工业化的国家，中国是后工业化国家，中国在很多制度上还需要很长时间逐步完善。我们共同推进走向和谐社会，以经济贸易、创造财富为中心，而不是以军事霸权为中心。各国军费开支那么大，节约下来，世界上就没有穷人了。

从公司角度上看，任正非认为要"用合作换和平"。华为没有攻击过竞争对手，而是友好对待，加强交流和沟通。任正非承认，自己受到了以色列前总理拉宾的启发：

> 我说过我是拉宾的学生，我很崇敬拉宾，因为他遵从"用土地换和平"的原则。以色列的人口那么少，周边有几亿阿拉伯人，阿拉伯民族也是很聪明的，再过一两百年，说不定就强盛起来了。拉宾把边界划定之后，跟阿拉伯国家友好，避免未来几十年以后的灾难，这是有长远思维的目标。拉宾是很伟大的，他的遇刺是人类的损失。

> 我受到的启发，就是对所有的竞争对手都要友好。过去很多年来，华为没有攻击过竞争对手，而是加强技术交流和沟通。即使我们在一些标准领域取得了领导地位，也没有针对竞争对手有不好的措施。向拉宾学习"用土地换和平"，我们要"用合作换和平"，对我们思想有很大的促进作用。
>
> 如果各国都坚持拉宾的思想，世界大同与和平是可以实现的，人类社会最终要靠劳动创造财富。拉宾去世我很忧伤，乔布斯去世我们也很忧伤，如果他们能活得更长一点，世界信息产业不知道会发生多大的变化。

把胸怀打开之后，同行不再是冤家，任正非就能学习借鉴百家之长。事实上，华为向日本学习生产线制度，借鉴日本的质量管理体系；向德国学习流程化管理等。海纳百川的学习态度成就了华为的强大。

任正非认为：

> 日本在工业产品上追求"短、小、精、薄"，追求客户体验和满意度，值得我们学习。我们的生产线制度，就是日本丰田公司以及很多退休老专家们帮助设计的，也就是借鉴日本的质量管理体系。你们没有发觉我们一条一条的生产线大量是日本与德国的设备，这与专家的咨询引导有关。大家参观的华为松山湖基地，也是日本建筑设计大师冈本先生设计的。通过向日本学习这种精神，我们的5G基站也做到了让世界不得不买，因为我们追求像日本一样把大的设备想办法做小。

我们松山湖的制造工厂今天有参观过吗？你们就会发现生产线上基本都是日本设备，我们完全按照日本的理念建的生产线，而且将会有几百条、上千条这样的生产线，每条生产线长度是120米，会大量采购日本设备。日本很多资深的顾问和工程师来指导我们，教会了我们日本的管理方法，也教会了我们如何使用日本设备。以后我们在全世界也会建立工厂，把这种精神贯彻到全世界去。

德国的管理方法是先生产、再测试，德国有它的自信心。日本人民有高度的警惕性，每道工序都在检测。我们采用日本的质量管理。

我们向日本学习了非常多的经验，我也经常给大家讲日本的故事，日本人民的精神是未来工业文明中最重要的一种精神。当然，我们有很多方面也在向德国学习，特别是流程化管理。所以，我们把日本人民的管理方法、德国人民的管理方法，日本人民的精神、德国人民的精神都融合到华为的精神中。

在针对美国的态度上，哪怕遭到美国政府的全力打压，任正非还是强调合作共赢，虚心学习。

永远不要对抗，世界已经走向全球化，当今已经是合作共赢的时代。也许我们这次对抗过去以后，全球再不对抗了。美国只要封闭起来成为孤立体，它一定会在世界落后。

现在，我们也不仇恨它，即使是伯尔顿、蓬佩奥也帮了我们很多,他们拿"鞭子"一抽,华为公司懒惰的人就不敢懒惰了,激活了组织,他们起到了很大作用。只是,他们动员别的国家卡我们,这点做过分了。

想国家富强就要向美国好的方面学习。不学美国,怎么繁荣富强?不要把仇恨和别人的先进混杂在一起。美国先进的地方一定要学习,不学习先进就不能超过先进,不能是狭隘的孤立主义。

美国是最先进的国家,要向它学习人才机制、法律制度。我们是后发展国家,不必所有事都自主创新。我们道路拥塞,香港那么多人口就不拥塞,为什么不学一学香港的道路管理学呢?我们轨道交通,为什么不向日本学习呢?

曾有记者提问:"如果特朗普要过来,您会敞开大门欢迎他吗?"

最喜欢"合作共赢"这个词的任正非回答道:"当然,我们可以去讨论这个世界应该怎样开放、合作、共赢,也许他会改变他的思维方式。"

四、保持组织活力的关键：耗散能量，拉开差距

前面说过，耗散结构需要符合三个条件：开放系统、远离平衡态和正反馈系统。我们看过了任正非怎样打造"开放系统"，再来看他如何实践"远离平衡态和正反馈系统"。

1. 多劳多得，拉开差距

人力资源管理的根本出发点是持续激发个体价值创造的活力。任正非曾对员工说："我们过去从落后到赶上，靠的是奋斗；持续的追赶靠的也是奋斗；超越更要靠奋斗；安享晚年，还是要靠奋斗。"

但是人的天性就是要休息、舒服，这样企业该如何发展？

任正非说，我把"热力学第二定理"从自然科学引入到社会科学中来，意思就是要拉开差距，由数千中坚力量带动十五万人的队伍滚滚向前。我们要不断激活我们的队伍，防止"熵死"。我们决不允许出现组织"黑洞"，这个黑洞就是惰怠，不能让它吞噬了我们的光

和热,吞噬了活力。

任正非不讲以人为本,认为这是留给国家层面去做的事情。企业是推动社会发展的引擎,以人为本就会失去发展动力、最终熵死。[1]

华为的企业文化是"以奋斗者为本",核心表现是不让员工吃大锅饭,把利润优先分配给劳动者,让劳动所得与资本所得的比例大致保持在3:1。这样既能激发公司现在的核心骨干创造价值,也能避免老员工积累过多股票后,靠股票分红生活,变得惰怠。

任正非说:"我们不能通过股票大量分红来过度保障退休员工的收益,而是要切实保障作战队伍获得大量的机会……让拉车的人比坐车的人拿得多,'获取分享'的价值分配理念驱动公司长期健康发展。让拉车的比坐车的人拿得多,同时还要区分时间段,拉车人在拉车时比不拉车的时候要拿得多。比如:中国远洋船船员上岗津贴税后5万多,下来待岗休息时的基本工资只有1800元。"

在升职加薪方面,华为也是论功行赏,及时提拔和破格提拔优秀者,不搞论资排辈,以冲淡惰怠心态。在薪资问题上,任正非提出我们"决不羞羞答答",而是"坚定不移地向优秀员工倾斜"。

华为以能力、贡献和岗位的重要性来确定员工的报酬,使那些认真负责、业绩出众的员工能得到丰厚的回报。

任正非说:"如果聚焦于考试,那就会有一些人占便宜。有些人一次性把事做得很好,但考试考不好,会不会受打击?我想很多考试,考你们主管,你们可能很多都不及格。考试好,就能当干部吗?

---

[1]丁伟:《熵!才是任正非管理思想的最大秘密》,载《蓝血研究》,2017-01-07

我不会选一个只是考试好的人当干部。我们在干部评价体系上，强调贡献，用贡献来衡量绩效。"

"总干部部以及各级干部管理的所有一切工作要对准目标，这个目标就是贡献。管理就是要强调干部的实际贡献，而不是过于强调干部的素质。过去把素质看得很重，没有贡献怎么可以？这个人能力用素质模型去评价或许不强，但实际贡献很大，为什么不可以先提起来？提起来后继续考核、考试素质，不行还可以下去，归队当兵。每个干部都说自己有贡献，那就公示出来，大家评议，可以贴在网上去嘛。"

优秀的员工升职加薪、享受分红，那不优秀的呢？2015年，华为有超过一万名员工因为不胜任工作而被调整，部分主管和员工被淘汰。

裁员时有的人不愿意走，说自己对华为没有功劳也有苦劳。任正非听了直接怼回去："屁话，什么叫苦劳？苦劳就是无效劳动，无效劳动就是浪费，我没有让你赔钱就不错了，还胡说什么苦劳？"任正非最不能容忍，三十几岁的年轻人，只想着躺在床上数钱。

2019年6月，任正非在干部管理工作汇报会议上讲话说："抓紧时间精兵简政，加快干部专家破格提拔步伐、加快对平庸干部淘汰。淘汰从机关开始、从高级干部开始，从一层AT(行政管理团队)开始。"

任正非强调，主官、主管一定要实行每年10%的末位淘汰制。"我们现在就要通过这3-5年把一批平庸或惰怠的干部更替掉，要下决心换一批血。不然5年以后，我们要去争夺世界战争的制高点时，干部还是稀稀拉拉的样子，那么现在留下那些干部有什么用？"

重奖奋斗者,并淘汰惰怠者、平庸者,充分体现了"正反馈系统"和"拉开差距"(即"远离平衡态")。

组织充满活力,关键是要做好激励与约束。激励包括物质激励和精神激励,约束是有惩罚性的制度。任正非强调:"企业的活力除了来自目标的牵引、来自机会的牵引以外,在很大程度上是受利益的驱动。企业的经营机制,说到底就是一种利益的驱动机制。价值分配系统必须合理,使那些真正为企业作出贡献的人才得到合理的回报,企业才能具有持续的活力。"

"要按价值贡献,拉开人才之间的差距,给火车头加满油,让列车跑得更快些及做功更多。践行价值观一定要有一群带头人。人才管理不是按管辖面来评价待遇体系,而是按贡献和责任结果,以及他们在此基础上的奋斗精神进行。"

2. 想当华为 CEO,先去非洲从基层干起

任正非提出"饿狼逼饱狼",在华为,每个岗位都会有 3 到 4 个达到任职资格的人等在这个地方——在这个岗位上的人必须好好干,否则马上就会有接替者。

达到任职资格的人都是从下一层级奋斗出来的。比如有人想当人事经理,就必须达到这一专业通道层次的几级任职资格,任职资格跟绩效相关联,只有连续三年绩效达到 12 分,才有资格申请更高一级。

《韩非子》有句名言:"宰相必起于州部,猛将必发于卒伍。"意思是选拔高层的官员和将领,一定要从有基层实际工作经验的人才

中选拔。否则处理政务、领兵作战就有可能是纸上谈兵，会耽误国家大事。

华为的"正反馈系统"，还包括从内部提拔员工当高管，这对基层员工和干部是很好的正向激励。

任正非强调："要大胆在火线中选拔，在战壕中提拔干部、专家、专业人员，要让一些优秀人员直接穿越上来，以激活干部群体和组织。干部要抓得住主要矛盾和矛盾的主要方面，聚焦胜利。"

"高级干部有什么不可以淘汰的？平庸、惰怠和落后的高管淘汰了，下面的优秀基层员工就可以升上来成为高级干部，淘汰一个落后的高管可以支撑好几个优秀员工的激励……要加快基层专家、客户经理、支撑服务的人员破格提拔的步伐，因为流水不腐、户枢不蠹，平庸与落后干部堆积，公司迟早要败掉。"

2019年10月，美联社记者问任正非："我们现在看到，华为组织最上面这一层董事会、CEO都是中国人，华为有没有考虑在董事会引入外籍员工，或者任命一个外籍员工担任公司的CEO，从而进一步赢得外国的信任。如果不在您的考虑范围内，为什么不考虑呢？"

任正非表示：首先，外籍员工必须要具备这个能力；第二，外籍员工必须在华为公司工作25年，从基层一层层升上来，才能了解整个公司的结构。有些西方公司CEO像"走马灯"一样换，换几次，这个公司就没有了。因为这个CEO不了解基层实际情况，以为喝喝红酒、谈谈哲学就能领导公司。

任正非说："我们有些国家代表和产品线主管已经是外籍员工，大量高级专家和Fellow是外籍员工。当然也欢迎你们给我们推荐

CEO、董事长人选，可以先派遣到非洲去，到科摩罗岛上去'一人一厨一狗'地锻炼，再到有些地方进行技术锻炼，完全知晓华为的业务，将来也有可能上来。"

"为什么现在很多西方公司搞不好？因为西方公司董事会是到处选人，选的这个人很厉害，来了到处拿杠杆撬一撬，把产品放大了很多，卖不出去就降低价格，可能就把公司卖死了。"

所以，华为强调领袖在内部选拔，包括3万外籍员工，也在选拔之列。

任正非提到的"一人一厨一狗"案例，是华为员工叶辉辉讲述的故事，是华为人奋斗精神的典型代表：[1]

> "科摩罗在哪儿？"这是我第一次听说这个国家，经过领导的介绍，我才知道这个国家位于非洲大陆与马达加斯加岛之间，是一个人口只有80万的岛国，当地经济落后，基础设施很差，这个海缆项目意义非常重大，有望改变科摩罗"与世隔绝"的状态。
>
> 来之前，就有同事给我打了预防针，说这边条件很艰苦，每天只有一两个小时有电，而且通信信号很差，还是ADSL网络拨号上网，来这边基本就是"失联"。我本来没有怎么放在心上，等到了宿舍，我发现自己仿佛从文明社会直接跌入"原始社会"了。当地宿舍和马达加斯加有着天壤之别，房屋年久

---

[1] 叶辉辉：《一人一厨一狗》，载《心声社区》，2019-08-14

失修，设施破旧，没有水也没有电。我拿出手机打了个国际长途想给国内父母报个平安，但是电话接通刚叫了一声"妈"，就断了。由于怕父母担心，我接着又拨打了好几十个电话，都打不通，只好算了。后来我才知道，我妈那天也给我打了几百个电话，担心了很久，直到辗转联系到了我同事，确认了我的安全才放心。

科摩罗当地食物贫乏，我都能数得出来种类……记得我刚来不久，有一天一个中方产品经理过来出差，带了两颗圆白菜，我有段时间没有吃过这种绿叶蔬菜了，可把我开心坏了，我们当天晚上就吃了一颗，留了一颗舍不得吃，放在了冰箱里，但是由于没有电，天气炎热，这颗白菜在冰箱里放了几天就坏掉了！两个大男人捶胸顿足，心痛不已。

2013年，科摩罗市场还长期被西方厂商垄断，对于华为这样一家中国ICT企业，客户并不买账，觉得还是西方的产品最好最先进。我又刚来，对当地业务和公司产品缺乏足够的了解，法语水平也无法满足华为的业务场景需求，业务开展起来非常困难。刚开始客户的CEO都不愿意见我，有一次我还在客户门口从下午一直等到凌晨一两点，后来终于见到了他，我操着当时还不灵光的法语，夹杂着英语，希望能获得一个坐下来谈谈的机会。客户看了我一眼，摇了摇头，就走了。我又累又饿，看着他远去的背影，泪水在眼眶里打转，觉得自己太失败了。

一次生死考验，让叶辉辉顿悟了人生的真谛：

外部环境已经比较艰苦,工作也不顺利,这让我压力很大,十分迷茫困惑。可是接下来的遭遇让我转变了想法。

作为一个岛国,科摩罗几个小岛之间的交通工具是9座螺旋桨小飞机和冲锋舟。有一天,我陪客户乘飞机去另外一座岛考察站点,路上就遭遇雷暴,飞机螺旋桨一度都停了,急速下坠,我当时想可能飞机要失事了吧,幸好最后还是安全降落了,但是那种剧烈的失重感让我有了阴影。所以当我再次来这座岛的时候,我和同事选择了冲锋舟。

这一次去程很顺利,客户终于在合同上签字了,我们心情格外轻松,回程的时候,我们又坐上了船,但是刚出发不久,我就看见晴空万里的海面上一瞬间就乌云密布了,大风大雨很快就来了。

幸亏海面上暴风雨来得快,去得也快,我们的绝望害怕没有持续多久,乌云就散去了,海面恢复了平静,我站在甲板上,被眼前的景象惊呆了:两条壮美的彩虹横跨在大海上。这是我人生第一次看到如此壮丽的景象,我刻骨铭心地领悟到生命是如此宝贵,能掌握自己命运是多么幸运!我一定要好好把握自己的命运和未来,遇到困难就迎头面对它!

中国文化强调"内圣外王",当叶辉辉的内心升华,他的事业也进入了上升通道:

于是,我开始了改变自己的过程。我更加努力地学习法语,每天背大量的单词,大学法语专业那几本书全部都啃完了,还缠着一个本地的兄弟练习口语。白天在客户机房蹭电蹭网的时候,我也借机和找客户"偶遇"。可能自己真的有些语言天赋,不久我就可以和客户"对上话"了!另一方面,我努力学习业务管理和产品知识,给客户做宣讲,上至总统部长,下至HOD工程师都听过我的宣讲。

和客户接触的时候,我并没有急于推销华为的产品和服务,而是首先与客户做朋友,真诚地展示了通信发展能带来的改变。我还记得介绍视频会议系统的时候,我告诉客户,有了这个设备以及网络,就可以在同一个办公室和天南地北的人"面对面"开会,再也不用几个小岛来回奔波了,这让曾经坐船掉进过海里的客户眼前一亮。

另外,由于我们在当地长期扎根,有一支本地的维保团队,客户可以随时获得华为的服务,这一点是其他厂商所没有的。我们让客户看到了华为的诚意与实力,他们开始愿意与我们合作,CEO后来也成为我们最亲密的伙伴……

叶辉辉团队全心全意为客户服务的结果,是华为成为科摩罗最受欢迎和尊敬的中国公司:

由于通信的进步,越来越多的企业和国家愿意来到科摩罗进行援助和投资,极大程度地促进了当地基础性建设,比如缺电缺水状况有了很大的改善,带动了经济的发展。前段时间我们在当地部署了 4.5G 网络，科摩罗政府要员不止一次地在公众场合骄傲地宣告："科摩罗是印度洋第一个上 4.5G 的国家！"看到客户如此的自豪，我们也从心底骄傲。

3. 耗散掉现有优势：花 300 多亿请咨询公司升级流程与制度

任正非对耗散结构的另一个重要运用，是搞"大投资"，投资于技术研发、组织管理能力、人才资源、思想战略、品牌声誉等。任正非说："华为公司实际上是处在一个相对较好的时期，要加大投入，把这些优势耗散掉，形成新的优势。"

任正非从创业之初就热衷于投资员工。华为 18 万员工中，有 9 万多人持有公司股份。年薪超 100 万的超过 1 万人，超 500 万的超过 1000 人。

华为投资 6000 多亿搞研发，已经被世人熟知。回顾科技进步的理论和历史，我们能更深刻地理解华为这一战略举措的意义。

早在 20 世纪 90 年代，诺贝尔物理学奖获得者杨振宁就已经预见到了中国科技在 21 世纪的崛起前景："要想预测未来当然是非常困难的事情，但是一个长远的社会动态通常都有很深的很长远的因素。我个人认为，以下的几个长远的因素是使得一个社会、一个国家能够有辉煌的科技发展的必要条件。第一个是需要有聪明的年轻人，有头脑做科学研究；第二个是需要有重视纪律、重视忍耐心、重视勤奋的社会传统；第三个是需要有决心；第四个是需要有经济条件……中国在 20 世纪有前三者，到了 21 世纪我认为将四者具备，所以我对 21

世纪中国科技的发展是绝对乐观的。"[1]

1921年，美国的研发支出只占GDP的0.2%，到了20世纪60年代，研发支出已经增长到占GDP的将近3%，研发支出快速增长的历史，就是美国科技创新实力走向世界第一的历史。21世纪的中国正在复制这一历程。

1995年，中国的研发支出仅占GDP的0.6%；2006年，中国研发总支出为3003.1亿元，占GDP比重为1.42%；2016年中国研发支出达到1.54万亿，占GDP比重为2.1%，占全球研发支出的1/5，超过欧盟和日本，排名全球第二。2006-2016十年时间，全世界被引用次数排在世界前1%的顶尖论文，美国第一，中国占全世界12.8%，排在世界第二，英国第三，德国第四，日本第五。近十年中国科技实力的快速增长，显然和研发支出的快速增长分不开。

很多人不知道，除了研发投入的大手笔，任正非还花了300多亿请咨询顾问公司，提升华为的管理水平。从1997年开始，华为持续引进外部管理经验，包括IBM、埃森哲、HayGroup、波士顿咨询等，为华为提供集成产品开发（IPD）、集成财经服务（IFS）等多方面的持续变革。

比如2008年，华为与埃森哲对CRM体系进行重新梳理，打通从"机会到合同，再到现金"的全新流程，提升了公司的运作效率。

华为轮值CEO徐直军表示："在现实世界与数字世界加速融合的时代，任何单独一家企业都很难满足客户的所有需求。企业需要开

---

[1] 杨振宁：《近代科学进入中国的回顾与前瞻》，载《广西物理》，1994-08-18

放合作，整合优势资源和能力，共同助力客户成功。与埃森哲的合作，将进一步加强华为在企业 ICT 市场的能力，使我们在丰富的产品组合基础上，为企业和运营商客户提供更多创新的软件和服务解决方案，帮助其提升效率和增加收入。"

徐直军对流程的价值做过深入的解读：

"首先，引入业务流的概念，企业为实现价值创造，从输入客户要求开始，到交付产品及服务给客户，获得客户满意，并实现企业自身价值的 E2E 业务过程，就是业务流。"

"流程是对业务流的一种表现方式，是优秀作业实践的总结和固化，目的是为了不同团队执行流程时获得成功的可复制性。越符合业务流的流程就越顺畅。"

任正非也多次强调过流程的意义："企业的人是会流动、会变的，但流程和规范会留在华为，必须有一套机制，无论谁在管理公司，这种机制不因人而变。但是流程本身是死的，而使用它的人是活的，需要人对流程的全面深入理解。而对流程了解比较多的是管理者，只有他们而不是基层人员，才清楚为什么这样设定流程。"

华为顾问田涛认为："流程、规则的有序性和强大的组织活力的结合，是华为让竞争对手敬畏之所在。"[1]

华为流程与制度的竞争力，源于它学得认真。经济学家周其仁评价道，有些中国公司用国际咨询公司就是为了上市，包层皮儿好看，叫做"中学为体、西学为用"，不当真的。华为不然，财务系统、人

---

[1] 田涛：《组织兴亡律与组织变革》，载《36氪领读》，2019-09-17

力系统、人事系统，一个系统一个系统地改，都让国际最好的咨询公司帮助设计，诊断完还不让你走，直到解决完问题才可以。

比如华为规定，内部请客由上级付钱，不允许下级请上级，这就是跟国际大公司学的。如果是办公室主任和老总一起出去，用公司的钱消费，主任回来报账，老总批同意，这就是个很大的费用窟窿。

任正非持续投资是有一套理念支撑的。他认为，企业的凝聚力必须不停地转换为扩张力，凝聚力强，物质不一定有动力，企业不一定有效益。要扩张，扩张就是一种耗散，就会产生矛盾，实现矛盾的有效转化，企业就有生命力。

任正非在2011年的公司市场大会上生动地阐述了上面这段话：

> "公司长期推行的管理结构就是一个耗散结构，我们有能量一定要把它耗散掉，通过耗散，使我们自己获得一个新生。什么是耗散结构？你每天去锻炼身体跑步，就是耗散结构。为什么呢？你身体的能量多了，把它耗散了，就变成肌肉了，就变成了坚强的血液循环了。能量消耗掉了，糖尿病也不会有了，肥胖病也不会有了，身体也苗条了，漂亮了，这就是最简单的耗散结构。那我们为什么要耗散结构呢？大家说，我们非常忠诚这家公司，其实就是公司付的钱太多了，不一定能持续。因此，我们把这种对企业的热爱耗散掉，用奋斗者、用流程优化来巩固。奋斗者是先付出后得到，与先得到再忠诚，有一定的区别，这样就进步了一点儿。我们要通过把我们潜在的能量耗散掉，从而形成新的势能。"

五、灰度思维：世界一分为三，除了黑白，中间还有灰

管理专家王育琨讲过一个重要故事。1996年，有一次在保加利亚雪山脚下散步，任正非忽然问刚到华为不久的梁国世："你知道华为公司为什么能成功吗？"梁国世不解道："我刚来华为，怎能悟出这般深奥的道理。您说，为什么呢？"

任正非答道："中庸之道。"[1]中庸之道，执两用中，叩其两端而执其中。

"任正非"这三个字本身，就是一个平衡，或称为中庸。在"正反、是非、善恶、高下、前后、荣辱、强弱、黑白"等两极中磨合。

比如任正非既充满了忧患意识，喊出了"华为的冬天""华为的红旗到底能打多久？""20年后的华为是坟墓""唯有惶者才能生存"；同时他又是坚定的乐观主义者，发出了"北国之春""除了胜利，无路可走""我们走在大路上，意气风发，斗志昂扬，没有什么能阻挡我们前进"。

---

[1] 王育琨：《华为的中庸之道》，载《新浪博客》，2016-06-20

任正非不断平衡着悲观与乐观这两端。他说："企业家不是人，你要把自己的自然属性去掉，企业经营好了不能高兴，你一高兴大家都猫在那里了，企业遇到冬天了你不能悲伤，你一悲伤大家就更悲伤。这是管理艺术。"

华为的"团级马夫"制度，也体现了任正非的中庸艺术。有些员工有历史贡献，但在新的时代跟不上发展，管理能力、管理水平不行，华为就在待遇上给他团级的待遇，但还是做养马的工作，这叫"团级马夫"。如果因为这个人走过了长征路，劳苦功高，就给他封个团长，让他指挥一个团，这一个团的人就要送命；但公司也不能不承认他的历史贡献，所以就设立"团级马夫"。

2001年起，任正非每年都要为公司制定"十大管理要点"，不管内外部环境发生了如何的变化，"坚持均衡发展"一直放在第一条。

均衡，是中庸的另一种表达。太极图里阴阳鱼之间的那条曲线，就是中庸之道。

任正非后来受物理现象启发，把"中庸"发展成"灰度"。

任正非自称是一个有"灰度"的人，他认为："介于黑与白之间的灰度，是十分难掌握的，这就是领导与导师的水平。"没有真正领会的人，不可能有灰度的。"开放、妥协、灰度是华为文化的精髓，也是一个领导者的风范，领袖就是掌握灰度。"

灰色，是纯白、纯黑以及两者中的一系列从黑到白的过渡色。自然界中的大部分物体的平均灰度为18%。灰度是非常丰富的，从白变黑的中间，灰色度有300多种。

任正非认为："一个领导人重要的素质是方向、节奏。他的水平就是合适的灰度。坚定不移的正确方向来自灰度、妥协与宽容。一个清晰方向,是在混沌中产生的,是从灰度中脱颖而出,方向是随着时间与空间而变的,它常常又会变得不清晰。并不是非白即黑、非此即彼。合理地掌握合适的灰度,是使各种影响发展的要素在一段时间内和谐,这种和谐的过程叫妥协,这种和谐的结果叫灰度。"

1.组建"蓝军":宽容是领导者的成功之道

管理者如果不懂得灰度,不能够去包容不同的意见,不能去获取不同的声音,就很难实现协同——分工之后,关键就是协同。

任正非经常对各级主管说宽容,这同领导工作的性质有关。任何工作,无非涉及两个方面:一是同物打交道,一是同人打交道。不宽容,不影响同物打交道。一位科学家,性格怪癖,但他的工作只是一个人在实验室里同仪器打交道,那么,不宽容无伤大雅。一个车间里的员工,只是同机器打交道,那么,即使他同所有人都合不来,也不妨碍他施展技艺制造出精美的产品。但是,任何管理者,都必须同人打交道。有人把管理定义为"通过别人做好工作的技能"。一旦同人打交道,宽容的重要性立即就会显示出来。

任正非认为,人与人的差异是客观存在的,所谓宽容,本质就是容忍人与人之间的差异。

不同性格、不同特长、不同偏好的人能否凝聚在组织目标和愿景的旗帜下,靠的就是管理者是否宽容。

宽容别人,其实就是宽容我们自己。多一点儿对别人的宽容,其实，我们生命中就多了一点儿空间。

宽容是一种坚强，而不是软弱。宽容所体现出来的退让是有目的有计划的，主动权掌握在自己的手中。无奈和迫不得已不能算宽容。

只有勇敢的人，才懂得如何宽容，懦夫决不会宽容，这不是他的本性，宽容是一种美德。

只有宽容才会团结大多数人与你一起认知方向，只有妥协才会使坚定不移的正确方向减少对抗，只有如此才能达到你的正确目的。

任正非的领导哲学里有一个很重要的观点，"允许异见，就是战略储备"。任正非本人称之为灰度领导力。

华为董事陈黎芳对此有学术化的表达："科学统计发现，一个组织如果要特别好，它的构成一定是需要非常多元的，不论是文化、人员构成，还包括性别构成，等等。多元化的组织会比保守单一的组织成功概率更大，做出来的成绩也会更好，这是百分之百的。所以华为也希望越来越多元、包容。"[1]

任正非把组织的多元化、允许异见落实到组织架构里。21世纪初，华为就成立了"蓝军"。

"蓝军"是指在部队模拟对抗演习中，专门扮演假想敌的部队。华为的"蓝军"，任务同样是唱反调，"想尽办法来否定'红军'"。"红军"代表着现行的战略发展模式，"蓝军"代表主要竞争对手或创新型的战略发展模式。

"蓝军参谋部"年复一年，从不同的视角观察公司的战略与技

---

[1]陈黎芳：《风浪中与理想同行》，载《心声社区》，2019-07-09

术发展，进行逆向思维，审视、论证"红军"战略、产品、解决方案的漏洞或问题；模拟对手的策略，指出"红军"的漏洞或问题。

最知名的一个例子是被誉为华为"二号首长"的郑宝用曾经带领的"蓝军"部门成功地扭转了华为终端的命运。今天华为把智能手机做到世界第二，多亏了"蓝军"的贡献。2008年，华为计划出售终端部门，"蓝军"明确反对，提出了云计算结合终端的"云管端"发展战略，从而避免了华为"脱手"终端业务。

华为手机质量的提升，也有"蓝军"部门的贡献，他们每天都会站在用户的立场上考虑问题，仔细查找华为手机可能存在的质量瑕疵，通过"蓝军"部门的审核之后，这款手机才可以正式走向全球市场——2015年，"蓝军"就因高温之下千分之几的胶水溢出问题，制止了一款手机的发货，尽管这会带来9000多万的损失。

任正非对"蓝军"有多重视？他曾表示，"要想升官，先到'蓝军'去，不把'红军'打败就不要升司令。'红军'的司令如果没有'蓝军'经历，也不要再提拔了。你都不知道如何打败华为，说明你已经到天花板了。"

任正非认为："'蓝军'存在于方方面面，内部的任何方面都有'蓝军'，'蓝军'不是一个上层组织，下层就没有了。在你的思想里面也是红蓝对决的，我认为人的一生中从来都是红蓝对决的。我的一生中反对自己的意愿，大过我自己想做的事情，就是我自己对自己的批判远远比我自己的决定还多。我认为蓝军存在于任何领域、任何流程，任何时间空间都有红蓝对决。"

"如果有组织出现了反对力量，我比较乐意容忍。要团结一切可以团结的人，共同打天下，包括不同意见的人。进来以后就组成反对联盟也没有关系，他们只要是技术上的反对。百花齐放、百家争鸣，让人的聪明才智真正发挥出来。"

任正非是这么说的，也是这么做的。典型例子就是他欣然接受华为"蓝军"部长潘少钦 2018 年整理的《人力资源 2.0 总纲研讨班上对任总的批判意见》，从以下节选的部分内容，我们可以体会"蓝军"火力的凶猛：

> 一、任总的人力资源哲学思想是世界级创新，但有的时候指导过深过细过急，HR 体系执行过于机械化、僵硬化、运动化、一刀切，不敢从专业视角提出意见，不敢跟老板 PK，没有体现应有的专业力量。
>
> 考核也非常机械化，海思的一些科学家因为比例问题必须打 C，结果这些人离开了公司，就被人家抢着聘为 CTO，而且还做得不错。现在 HR 政策管得太细了，条条框框太死了。各级主管对人力资源的有些政策是怨声载道，人尽皆知，但 HR 基本上是视而不见。为什么会导致这样的情况？我们的 HR 政策从来只有单向推行，没有系统的反馈、优化和修正，这不符合管理的基本原则。这些我们都需要反思。

任正非强调开放包容，但"蓝军"认为，任正非其实还不够开放：

> 二、不要过早否定新的事物，对新事物要抱着开放的心态，

让子弹先飞一会儿。

研讨中，大家认为精神激励非常重要。但精神激励绝对不只是发几个牌子、给点儿奖状。对于优秀员工来说，最大的精神激励是做一番有前途的事业。为什么云战略分队大家挤破头也要进来，其他一些分队门可罗雀？其实现在云战略分队是啥都没有，初级得很。因为想来的这些人都清楚，云是趋势，云是未来，就算华为做不好云，就算自己未来不在华为做，但自己绝对是增值了，再找好工作也不难。为什么现在最优秀的大学生，不愿意来华为，更愿意去BAT，因为他们认为BAT的事业是勇立潮头的，而华为总说聚焦管道什么的，一般学生也不理解，人家就不愿意来。华为要持续吸引最优秀的人才，最好的就是做勇立潮头的业务。

这几年，任总强调聚焦的多，"收的"多，对一项新技术、新事物，在没有看清楚之前否定的多。这是大家共同的感受。这里面，任总担心公司摊子铺得太开，最后形成不了核心竞争力，强调聚焦就多，但强调聚焦和新技术、新事物的发展并不一定是一对矛盾，聚焦也并不意味着我们就一定不能突破现有的业务边界，不能调整我们的业务组合。

在任总讲话里，我们看到的业务都是"收的"导向，老板在理论创新时就很积极，但我们公司真正投入到理论的又有多少呢？但是一讲到产品的时候全是"收的"，要聚焦主航道，不能盲目创新，不能乱立项，不能做小项目，等着未来别人失败我们好浅滩捡鱼。讲到销售的时候全是讲合同质量、客户聚焦、优质资源向优质客户倾斜等，意味着我们要抛弃一些客户，也是一种"收的"的倾向，很多客户听着也不舒服。

"蓝军"认为，任正非应该少对具体业务"指手画脚"，多谈谈企业愿景就好了：

> AR、VR刚开始出来，老板就说未来要浅滩捡鱼，但浅滩捡鱼能做啥呢？就算我们浅滩捡鱼，也要具备判断捡哪条鱼的能力，去捡哪条鱼也要能识别，也要建能力。人工智能出来后也是很保守，就是跟着走，接着人工智能我们就强调搞内部管理，但外部的行业和专家是不会对华为人工智能只搞内部管理感兴趣的，还好逼着我们在麒麟970上把人工智能在短短的时间内先立起来了。还有区块链，老板说区块链不能搞，因为我们不能"去中心化"，其实我们一直在"去中心化"啊，云计算就是"去中心化"的，就是典型的分布式计算，下一步我们还要搞分布式路由器，就是去"中心化的"。老板想的是管理"去中心化"的，技术跟管理没什么关系。智能驾驶还没开始谈，老板就说我们不能做，由于我们没有数据，所以不能做。

> 老板一直是"收的"状态，那谈什么愿景呢？因为老板讲话都是公开的，因为老板的个人影响力和个人威望太高了，我们要花很多时间去灭火，老板人工智能讲完，我们赶紧要跟诺亚方舟的专家谈，不是这么回事；老板AR/VR讲话讲完，我们要跟AR/VR团队的专家去解释；自动驾驶查钧那里也做了

研究，也需要去解释。老板原来讲话还是内部发，现在是全社会都能看到。老板这样讲了，我们还怎么吸引人才？专家说你要我来干啥呢？人工智能、AR/VR、自动驾驶等领域都很难吸引业界优秀人才。我们的现状就是在矛盾中前进，对我们吸纳人才是非常大的挑战。这样的情况，也容易在任总和业务执行层领导之间引发不信任。

任总应该更多地做愿景的传播，应该更开放一点儿，我们执行层应该收一点儿，我们现在是反的。面对不确定的未来，还是不能过早否定新技术、新业务，要保持开放心态，鼓励先开一枪，再开一炮，确定了方向，范佛里特弹药饱和攻击再跟上去，暂时看不清楚的就让子弹多飞一会儿。

华为以会分钱闻名，但"蓝军"认为，华为的钱分得还不够合理：

三、工资、补贴、奖金、长期激励机制等价值分配机制需要系统梳理和思考。

这几年，公司经营好，在价值向奋斗者倾斜的指导思想下，员工们普遍得到很好的经济回报，这是华为奋斗者文化的直接体现，也是华为核心竞争力所在。任总一直强力推动公司分配向奋斗者倾斜，但是，这几年，非理性、运动式、一刀切的福利上涨（其中不少是任总强力推动的），以及过于机械的执行机制，也造成了不少问题。

当前，泛网络的市场一线比产品线、比消费者BG、比专家们具有显著的职级和薪酬待遇优势,职级普遍偏高,甚至导致人才循环出现问题,是很多领导集中反馈的问题。海思一个高等级的资深专家,待遇比不上一个一般的系统部主管。什么都比不上,职级、工资、补贴奖金、配股,差得还比较远。对于一家高科技公司,是不是合理?

类似上面那样的尖锐言论,还有好几条:

四、不能把中庸之道用到极致,灰度灰度再灰度,妥协妥协再妥协。

五、干部管理要风险和效率上追求平衡。

六、要重视专家,强化专家的价值。

七、反思海外经历适用的职务范围的问题。

八、不能基于汇报内容、汇报好坏来否定汇报人员或肯定汇报人员。

九、任总的很多管理思想、管理要求只适用于运营商业务,不适用于其他业务。

……

2. 任正非强调宽容,源于刻骨铭心的经历

任正非在《我的父亲母亲》一文中,回顾了父母的苦难史。

爸爸是穿着土改工作队的棉衣，随解放军剿匪部队一同进入贵州少数民族山区去筹建一所民族中学。一头扎进去就是几十年，他培养的学生不少成为党和国家的高级干部，有些还是中央院校的校级领导，而父亲还是那么位卑言微。

爷爷是浙江浦江县的一个做火腿的大师傅，爸爸的兄弟姊妹都没有读过书。由于爷爷的良心发现，也由于爸爸的执着要求，爸爸才读了书。爸爸在北京上大学期间，也是一个热血青年，参加学生运动，进行抗日演讲，反对侵华的《田中奏章》，还参加过共青团。由于爷爷、奶奶相继病逝，爸爸差一年没有读完大学，辍学回家。

当时正值国共合作开始，全国掀起抗日高潮，父亲在同乡会的介绍下，到广州一个同乡当厂长的国民党军工厂做会计员。由于战争的近逼，工厂又迁到广西融水，后又迁到贵州桐梓。在广西融水期间，爸爸与几个朋友在业余时间，开了一个生活书店，卖进步书籍，又组织了一个"七七"读书会，后来这个读书会中有几十人走上了革命前线，有相当多的人解放后成为党和国家的高级干部。粉碎"四人帮"后，融水重写党史时，还把爸爸邀请过去。

爸爸这段特殊的历史，是他在"文革"中受磨难最大的一个原因。身在国民党的兵工厂，而又积极宣传抗日，同意共产党的观点，而又非与共产党地下组织有联系。你为什么？这就成了一部分人的疑问。但是在"文革"时期，如何解释得清楚？他们总想挖出一条隐藏得很深的大鱼，因此，爸爸受尽了百般的折磨。

> 妈妈其实只有高中文化程度，她要陪伴父亲，忍受各种屈辱，成为父亲的挡风墙；又要照顾我们兄妹七人，放下粉笔就要和煤球为伍，买菜、做饭、洗衣……又要自修文化，完成自己的教学任务，她最后被评为中学的高级教师。她的学生中，不少是省、地级干部及优秀的技术专家，他们都对母亲的教学责任心印象深刻。妈妈这么低的文化水平，自学成才，个中艰辛，只有她自己知道。

历史只有经过深刻反思，才能成为宝贵的财富。任正非从父母的历史中，领悟了"灰度"和"包容"至关重要：

> 父母虽然较早参加革命，但他们的非无产阶级血统，要融入无产阶级的革命队伍，取得信任，并不是一件容易的事情。他们不可能像普通农民、工人那样政治纯洁。他们生活在一个复杂的社会中，这个社会又是多元化组成的，不可能只有一种纯洁的物质。历次政治运动中，他们都向党交心，他们思想改造的困难程度要比别人大得多，内心所受的煎熬也非他人所能理解。他们把一生任何一个细节都写得极其详尽，希望组织审查。
>
> 他们去世后，我请同学去帮助复印父母的档案，同学们看了父母向党交心的材料，都被他们的真情感动得泪流满面。终其一生，他们都是追随革命的，不一定算得上中坚分子，但无愧于党和人民。父亲终在1958年国家吸收一批高级知识分子入党时，入了党。当时向党交心，不像今天这样信息发达，那时，反对个别党员，有可能被说成反党。我们亲眼看到父母的谨小

慎微、忘我地拼其全力工作，无暇顾及我们，就如我拼死工作，无暇孝敬他们一样。他们对党和国家、对事业的忠诚，已经历史可鉴。我今天要忏悔的，是我没有抽时间陪陪他们，送送他们。

回想起来，革命的中坚分子在一个社会中是很少的，他们能以革命的名义，无私无畏的工作，他们是国家与社会的栋梁。……

我主持华为工作后，我们对待员工，包括辞职的员工都是宽松的，我们只选拔有敬业精神、献身精神、责任心、使命感的员工进入干部队伍，只对高级干部严格要求。这也是亲历亲见了父母的思想改造过程，而形成了我宽容的品格。

因为早年的亲身经历，任正非对干部和员工用不同的尺度去衡量。他对干部比较严，对员工比较宽，来让更多的人加入华为这个队伍。基层员工可以有一点儿使命感，但是不要求那么高，不会做考核。员工有使命感的话，公司鼓励并认可，有了机会就会提拔。

此外，任正非对事旗帜鲜明，对人宽容妥协，一直讲要宽容"歪瓜裂枣"。《华为人报》曾把"裂枣"写成"劣枣"，任正非进行了纠正。"公司要宽容'歪瓜裂枣'的奇异思想——你怎么知道他们就不是这个时代的梵高、这个时代的贝多芬？"

看电视剧《亮剑》，任正非同样悟到："有缺点有个性的战士是未来将军的种子，当领导的一定要学会包容和欣赏……"

任正非把宽容落实到制度上。比如华为检查完干部，会让干部自己提出整改措施，大家继续干，相比之下，很多老板对干部要求太苛刻，一看犯点儿小错误，立马干掉，时间一长就没有能干的人给他干活了。

3. 方向要坚定，方法可妥协

灰度不仅是任正非的人性观，也影响到任正非的战术观，他强调要以灵活妥协达成既定目标。

> 我们华为的干部，大多比较年轻，血气方刚，干劲冲天，不大懂得必要的妥协，这也会产生较大的阻力。
>
> 我们纵观中国历史上的变法，虽然对中国社会进步产生了不灭的影响，但大多没有达到变革者的理想。
>
> 我认为，面对他们所处的时代环境，他们的变革太激进、太僵化，冲破阻力的方法太苛刻。
>
> 如果他们能用较长时间来实践，而不是太急迫、太全面，收效也许会更好一些。
>
> 其实就是缺少灰度，方向是坚定不移的，但并不是一条直线，也许是不断左右摇摆的曲线，在某些时段来说，还会画一个圈，但是我们离得远一些或粗一些来看，它的方向仍是紧紧地指着前方。

任正非认为，坚持正确的方向，与妥协并不矛盾，相反，妥协是对坚定不移方向的坚持。

但前提是，方向是不可以妥协的，原则也是不可妥协的（比如，"以客户为中心，以奋斗者为本，长期坚持艰苦奋斗""厚积薄发、压强原则""自我批判、保持熵减""力出一孔，利出一孔"等原则不能灰度）。

此外，实现目标过程中的一切都可以妥协，只要它有利于目标的实现。当目标方向明确了、清楚了，如果此路不通，妥协一下，绕个弯，总比原地踏步要好，不要一头撞到南墙上。

对"妥协"，任正非有很深刻的认识。做事要"有经有权"，既讲原则又讲变通，这是典型的中国智慧，任正非苦口婆心地反复给干部们宣讲这个道理：

> 在一些人的眼中，妥协似乎是软弱和不坚定的表现，似乎只有毫不妥协，方能显示出英雄本色。
>
> 但是，这种非此即彼的思维方式，实际上是认定人与人之间的关系是征服与被征服的关系，没有任何妥协的余地。
>
> "妥协"其实是非常务实、通权达变的丛林智慧，凡是人性丛林里的智者，都懂得恰当时机接受别人的妥协，或向别人提出妥协，毕竟人要生存，靠的是理性，而不是意气。
>
> "妥协"是双方或多方在某种条件下达成的共识，在解决问题上，它不是最好的办法，但在没有更好的方法出现之前，它却是最好的方法，因为它有不少的好处。
>
> 只有妥协，才能实现"双赢"和"多赢"，否则必然两败俱伤。
>
> 因为妥协能够消除冲突，拒绝妥协，必然是对抗的前奏；我们的各级干部真正领悟了妥协的艺术，学会了宽容，保持开放的心态，就会真正达到灰度的境界，就能够在正确的道路上走得更远，走得更扎实。

PART 3

军事思维：文化价值观带来最强生命力

多年的军伍生涯，使企业家任正非有着深刻的军人与党员烙印，比如他对科技研发的高度重视，他面对强敌绝不退缩、坚决战胜一切困难敢打必胜的信心。

任正非习惯于用军事语言解读企业的经营管理。任正非的内部讲话，时常有军队风格……

军事思维，这种特性的文化价值观给华为的发展带来了最强生命力。

1990年就加入华为的张建国回忆:"当时华为条件艰苦,大家吃喝在一起。当时华为的厂房是这样的:一进门有一个小食堂,中间是工作区,里面是库房及宿舍。并且厂房里没有空调,员工干活时都光着膀子。因为深圳天气热,每天下班后,大家第一件事就是去冲凉,然后去吃晚饭。总是在大家吃完晚饭后,任正非穿着短袖短裤也踱过来,大家自然地搬把小凳子围坐在一块儿,听任正非讲故事。因为是部队军人出身,他喜欢讲战争故事,如上甘岭战役是怎么胜利的、朝鲜战争是怎么打的,等等。他讲得很激情投入,我们听得热血沸腾,听完之后,感觉一天的劳动疲乏被赶走了。"

任正非曾自述:"从军14年吃了很多的苦,但也有很多快乐……我是一个没有获得军衔的退伍军人。"

一、十四年军旅生涯,打下了深刻的军事思维烙印

1. 因为经历,所以体会深刻

任正非是基建工程兵,领导人曾给这支部队题过词:劳武结合,能工能战,以工为主。任正非曾随部队参与建设辽阳石油化纤厂,这是从国外引进的项目,任正非由此接触到了世界最先进的技术。

他用数学推导的方式,成功制作了检验设备的仪器"空气压力天平",体积小,重量轻,操作很方便。这为中国仪表工业填补了一项空白,他的事迹被媒体广泛报道。34岁的任正非被选为解放军科技人员的代表,参加了1978年3月份召开的全国科技大会。在6000名代表中,35岁以下的只有150多人,占2.5%。在1982年的中共十二大上,任正非又被选为了军队的代表。1983年,任正非以技术副团的级别退伍,进入了企业界[1]。

---

[1]《致敬,任正非曾是一位计量科研尖兵!》,载《中国计量网》,2019-05-28

任正非对战争也是有着深刻体会的,他曾说:"我的战友在对越反击作战中,冒着敌人的枪林弹雨逢山开路,遇河架桥,他们为中国炮兵、坦克、步兵开辟了前进的道路,一个个牺牲在我的面前,他们才配得到共和国的荣誉。他们一个个鲜活的面孔时常让我从梦中醒来,他们才是可歌可泣、最无私、最伟大的人。"

多年的军旅生涯,使企业家任正非有着深刻的军人与党员烙印,比如他对科技研发的高度重视,他面对强敌绝不退缩、坚决战胜一切困难敢打必胜的信心。

2. 终身学习、实践并向他人推荐

任正非曾向华为高管们推荐过20多本书,其中包括《五角大楼之脑》《隆美尔战时文件》《CEO的海军陆战队》《闪击英雄》《失去的胜利》《超限战》《落难英雄丁盛将军回忆录》等军事书籍,并亲自写推荐语。

财经作家余胜海有一次在北京首都机场偶遇任正非,发现他正在看英国战略家利德尔·哈特所著的《隆美尔战时文件》。该书整理了隆美尔在北非作战期间所保存大量战时文档,里面许多内容都反映了如何在运动中集中兵力,如何在点上突破进而取得全局胜利,以及领会当将军的真谛。任正非读完后推荐给了华为高管们阅读。[1]

任正非习惯于用军事语言解读企业的经营管理。"蓝军"、上甘岭、

---

[1] 余胜海:《任正非:我唯一的爱好就是读书》,载《知乎》,2019-11-12

重装旅、陆战队、西点军校、少将连长、鼓励集体奋斗中的个人英雄主义等军队词汇经常从他嘴里蹦出来。

任正非的内部讲话,很有军队风格。例如:

"为了更好地服务客户,我们把'指挥所'建到听得到炮声的地方,把计划预算核算权力、销售决策权力授予一线,'让听得见炮声的人来决策'。打不打仗,客户决定;怎么打仗,前方说了算。由前线指挥后方,而不是后方指挥前线。"

"我们的解决方案越来越复杂,我们的主官及专家要像粟裕那样专心致志地趴在地图上,聚精会神地研究问题,才能做好一个司令员。我们的专家、职员要做好参谋长,提高作业的有效性。"

二、打造强有力的组织，因应"黑天鹅时代"

什么样的组织最能应对"黑天鹅时代"？

创业多年之后，史玉柱信佛了。史玉柱一贯喜欢说大实话："人为什么会信这些东西，说白了还是迷信。一个人对自己的命运能把握的时候，最不信佛，比如数学家很少信，物理学家很少信；当一个人对自己的命运无法把握的时候，特别容易信，比如渔民天天出海，每次都不知道自己还能不能回来，这种人几乎百分之百信点儿什么。企业家也容易信，因为对自己的明天无法把握。"

1. 背景：高铁网、互联网与全球化，世事越来越无常

2003 年的非典、2007 年的次贷危机、2008 年的汶川地震、2015 年的股灾，在这个"世上一日，山中十年"的信息时代，估计这些"黑天鹅事件"带来的冲击，已经在很多人的记忆中模糊了。

2016 年供给侧改革启动时，很多企业家没料到"去产能""去杠杆"的影响如此之大，大到颠覆了钢铁、网贷等行业的基本格局，近两年政府大力补环保短板，也淘汰了不少没有准备的企业。

2018年以来，中美贸易战、科技战延绵至今，中国股市到了一日三惊的地步，"城门失火，殃及池鱼"，不少企业家质押的股权被强制平仓，辛辛苦苦几十年，一夜回到解放前。

因为新冠肺炎，2020年的春节将成为14亿中国人最难忘的一次过年体验，电影、餐饮、物流、旅游、线下培训等许多行业损失惨重，真正是"人在家中坐，祸从天上来"。疫情尚未散去，美国雪上加霜，美国国会提出要制定法案，让华为及未来可能的其他中国公司，在世界任何地方都买不到美国芯片。

为什么2000年以来，"黑天鹅事件"越来越频繁，企业家越来越多地体会到"世事无常"？

因为全面普及的互联网，因为密集的高铁网，因为中国入世之后的全球化。这几股力量，让全中国、全世界紧密地连成了一个整体，你中有我，我中有你，一荣俱荣，一损俱损。每一个人、每一个组织的命运，都被无穷无尽的因素影响着。

作家刘亮程年轻时住在新疆沙漠边缘的一个小村庄里，他写的一段话深刻地揭示了一切存在的本质：

> 我年轻力盛的那些年，常常扛一把铁锨，像个无事的人，在村外的野地上闲转。我扔在路旁的那根木头，没有谁知道它挡住了什么。它不规则地横在那里，是一种障碍，一段时光中的堤坝，又像是一截指针，一种命运的暗示。每天都会有一些村民坐在木头上，闲扯一个下午。因为这根木头，人们坐到了一起，扯着闲话商量着明天、明年的事。因此，第二天就有人扛一架农具上南梁坡上了，有人骑一匹快马上胡家海子了……

而在这个下午之前,人们都没想好该去干什么。没这根木头,生活可能会是另外一个样子。坐在一间房子里的板凳上和坐在路边的一根木头上商量出来的事,肯定是完全不同的两种结果。[1]

这样日复一日、年复一年,一根普普通通的木头,就足以让村子里每个人的命运都发生改变。

21世纪的变量远比这个沙漠边缘的小村庄丰富,政治、经济、社会、文化、军事、科技、自然环境、国内、国际,任何一个变量,任何一次风吹草动,都可能深刻改变一家企业的命运。

所有企业家,必须改造自己的世界观,深刻认识到,"一企一世界",自己的公司已经与整个世界在根本处不分彼此,息息相通。正如鲁迅所说:"无穷的远方,无数的人们,都和我有关。"牵一发而动全身,已经成为企业的日常。

那么,在这个无常已是常态的新世界,企业家应当如何与无常作伴?

2. 应对(1):"支部建在连上":强化组织能力是王道

既然在无常的新世界,企业动不动就可能受伤流血,那么显而易见,企业的血量一定要足。很多企业家已经领悟,账上要有足够的现金储备,即便收入归零,也要能活上五六个月。

除此之外,就算体壮如牛,血量很足,在挨了几刀、中了几枪,

---

[1]刘亮程:《我改变的事物》,长江文艺出版社出版,2015-12

血流如注的时候,也难免要寻求外部输血。

就像在这次新冠肺炎疫情期间,很多企业陷入了困难。其中典型如餐饮企业西贝,陷入了现金流枯竭的境地。更有一些企业频临破产倒闭。在无尽缘起的世界,可能会有做梦都想不到的因素,给企业带来灭顶之灾。

马云说过,"要在晴天修屋顶",企业家要在平时下功夫,建立多元化的融资能力,确保关键时刻有人愿意拉你一把。

关注现金流,只是活在无常新世界的基本策略,我们还要寻求应对无常的上策。那么谁有上策?

我们可以从一个经历了百年风风雨雨,至今仍生机勃勃的现代组织身上寻求答案,这就是中国共产党。

那么党凭什么可以饱经劫难仍与时俱进,焕发出强大的生命力呢?答案之一是强大的组织能力。

1927年的三湾改编,毛泽东创造性地确立了"支部建在连上"、"官兵平等"治军方略。

要知道在旧军队,长官是可以随意地打骂士兵的,经济待遇更是绝对不平等,毛泽东推行"官兵平等",士兵终于有了人格尊严,有了说话的自由,还能参加对部队的行政管理和经济管理,在这样的军队能活得像个人,自然深受欢迎。

党组织建立在连上,排有党小组,班有党员;营、团以上有党委,全军由毛泽东领导前委。这意味着党真正从上至下指挥了整个部队,而且党员在各种情况下都能起到模范带头作用,冲锋在前,享受在后,这极大地鼓舞了士气,提升了战斗力。

但当时,毛泽东还没有掌握军队的领导权,那几年军队在战斗中碰到了很多挫折。到1929年底，红军干部终于意识到了错误，下定决心接受毛泽东的意见。毛泽东的核心意见就是一条：一定要政治建军。

1929年古田会议指出，"中国的红军是一个执行革命的政治任务的武装集团"，这个军队必须是服从于无产阶级思想领导，服务于人民革命斗争和根据地建设的工具。

全军明确了为什么打仗，才有此后几年红军以及革命根据地的蓬勃发展。

虽然经历了两万五千里长征的大减员，但是红军的组织能力不仅没有衰落，反而在长征的锻炼中强化了，一有机会就能蓬勃发展。八路军从1937年成军时的4.6万人，短短四年后就发展到50多万人……

今天我们可以看到，很多优秀企业，如微软、亚马逊、阿里、华为等世界顶级企业，也都是很重视使命、愿景、价值观的，他们把这些融入到组织建设中，"政治建企"实实在在地提高了公司战斗力！

3. 应对（2）：给客户创造价值，重建企业与客户的血肉联系

"政治建企"是有理论依据的，管理学大师德鲁克说得很清楚，组织是社会的器官。企业就像人体器官一样，是为解决某个问题而存在的。企业通过解决某个社会问题，与自己的客户建立密切联系，这是企业安身立命、历劫不死的根本。虽然经济与政治在群众关系上有本质不同，我们还是可以从历史中汲取智慧的。

毛泽东在建军之初的三湾改编时，已经初步酝酿出"三大纪律、六项注意"，后来发展成"三大纪律、八项注意"：

三大纪律是：（1）一切行动听指挥；（2）不拿群众一针一线；（3）

一切缴获要归公。

八项注意是：(1)说话和气；(2)买卖公平；(3)借东西要还；(4)损坏东西要赔；(5)不打人骂人；(6)不损坏庄稼；(7)不调戏妇女；(8)不虐待俘虏。

"三大纪律、八项注意"共11条，其中有8条都是在保护群众利益，在绝大部分军队形同强盗土匪的时代，这些纪律能够极大地赢得民众的好感。

更重要的是，"打土豪，分田地"，极大地拓展了群众的利益。

1946年春，东北野战军在四平保卫战中，主力部队损失惨重，退守松花江以北。接下来共产党领导部队踏踏实实地干了两件事，一是土改，二是征兵练兵。

土改方案很明确，把所有地主土地没收，按照农村人头平均分给百姓。

土改之后，共产党号召百姓参军，大家立刻响应。这些征来的兵都是有信念的，他们是为保护自己的土地而战斗，战斗意志远超国民党军。到1948年8月，东北野战军主力部队及地方部队合计突破了100万人，其中一半是土改之后征到的兵。

再来看国民党在东北干了什么。他们占了地盘之后，马上通过发行货币的法子，疯狂掠夺财富：1946年1月东北国统区的货币指数为100，到1947年6月，货币指数膨胀到66326，短短一年半时间，东北老百姓的财富就因几百倍的通货膨胀而被掠夺一空；再过一年，国民党发行的法币和流通券就把东北经济彻底搞崩溃了。

一个得民心，一个失民心，谁成谁败，不问可知！

国民党人并非都是糊涂蛋。早在1925年10月，蒋介石第二次东征之前,就指出国民党成败在于"得民心与否":"我党革命之目的,在救国救民,其成败亦在于得民心与否为断。"

在《论持久战》一文中,毛泽东说过:"战争的伟力之最深厚的根源,存在于民众之中。"

但真正开发出民众"战争伟力"的,是共产党而不是国民党,因此一个"得天下",一个"失天下"。今天中国共产党全力以赴精准扶贫、带领大家决胜全面小康,正是不忘初心、牢记使命的体现。

企业主可以适时反思一下,公司天天喊着"以客户为中心",但真的做到了吗?能否给用户创造价值?这是企业的生存之本。

4. 任正非的组织观和客户观

华为从诞生到发展壮大,从占领国内市场到走出国门,在国际市场攻城略地,华为的组织建设及"以客户为中心"的价值观,是其中重要的保障。

(1)未来的竞争是管理的竞争

如前所述,任正非在公司发展早期就花费巨资聘请 IBM 等国际专业咨询公司,对华为的管理架构、业务流程等各个方面进行了重新梳理、规范。任正非很早就重视公司的机制和流程科学化、规范化,从而提高了效率,为后续高速增长打下了良好的基础。

华为自认为是一家以人力资产为主的公司,规模经济性要靠管理来实现,推进公司前进的最主要因素是机制和流程。一是管理架构、流程与 IT 支撑的管理体系,二是对人的管理和激励机制。

基于流程分配责任、权利及资源。所有组织及工作的方向朝向客户。

把指挥所建在听得到炮声的地方,"让听得到炮声的人呼唤炮火"。

前端是对付不确定性的精兵组织,后端是对付确定性的平台和共享组织。

未来的战争是"班长的战争"。

建设"从客户中来,到客户中去"的端到端流程体系,提高运营效率和效益。

把危机和压力传递到每一个人、每一道流程、每一个角落……

华为的组织建设,既能保证前端集中精锐,深入客户,灵活应对市场变化,又能做到沟通顺畅,端到端无缝衔接,大脑与末端神经的高效配合。所以不管是在国内还是他乡,华为都在"野蛮生长",所向披靡。

(2)"以客户为中心"

华为确立了"以客户为中心、以奋斗者为本、长期艰苦奋斗"的核心价值观。

华为认为,为客户服务是华为存在的唯一理由,质量是华为的生命,客户满意是衡量一切工作的准绳。

华为提出了一系列论述,推动"以客户为中心"落到实处。

以客户痛点为切入点,帮助他们解决面向未来的问题。

为客户提供及时、准确、优质、低成本的服务,是我们生存下去的唯一出路。

以优质产品和服务打动客户。

加强与客户的沟通,倾听客户的心声。

质量是我们的生命。

要以宗教般的虔诚对待客户。

要警惕企业强大后变成以自我为中心……

华为把上述理念、想法都编写成书,在员工中开展学习,推动落到实处;还公开出版了《以客户为中心》等系列图书,让社会大众都广为知晓。

三、高扬理想使命，带领企业乘风破浪

前面讲了任正非善于向我们党和军队学习，可能很多人会不服气，觉得这只是个特例，因此要把另一位世界级企业家马云的例子讲一讲。

2018年，马云入选"改革先锋100人"，很多人猛然发现，原来"中国首富"是党员。

据马云大学同学回忆，马云在大学时即入党，那时入党不仅要求学习好，而且要求人品正直，有组织能力，还要具备热情和理想主义，总之是百里挑一。

管理学家肖知兴教授评价道："阿里巴巴表面上是学习GE公司的管理体系，背后其实是共产党的组织原则。我从2006开始给阿里的管理层讲了很多次课，在这方面有很深的体会。"

马云对党史的领会，曾几度改变阿里的命运轨迹。

在创业之初，马云效仿历史，以抗日军政大学、南泥湾开荒等运动，渡过了互联网寒冬。马云曾回忆道："在我人生最艰难无助的时候，我去了陕西，来到了革命圣地延安，在那里我冥思苦想了几天，

做出了一个今天看来非常了不起和成功的决定,就是建立淘宝。"

从 2020 年的新冠疫情我们可以看出,这位老党员花 20 年时间,带出了一支怎样的队伍。

1. 对比(1):阿里志愿者

2020 年 2 月 26 日,《新闻联播》点名表扬了阿里健康推出的"买药不出门"服务,解决了湖北地区慢性病患者不方便去医院看病的难题。

在这次"抗疫斗争"中,阿里值得人们点赞的举措太多了:高达 220 亿的商家低息免息贷款和扶持金;盒马租赁餐饮业同行待岗员工的企业责任创新;马云大手笔的 11 亿元慈善捐款……

马云曾说:"当政治家可以报国,艺术家可以报国,企业家也可以报国,而且作用不比任何人差。"2013 年 11 月,领导人跟企业家们座谈时,称呼马云为"同志"——同心同德、志同道合,方为"同志"。

疫情期间,马云最让外界称道的,是其带领下阿里系海内外众多员工发挥的的强大主观能动性。

例如,阿里在武汉的员工,自发地参与"武汉保卫战":阿里飞猪的小二,和武汉的酒店联合起来,为医护人员提供免费的住宿;在武汉盒马门店做餐饮管理的黄辉,自愿担起了往医院送餐的重任;医护人员除了吃住,还要出行,阿里员工主动加入接送志愿者的团队。

阿里在海外的员工,来回奔袭两万公里,飞越 12 个国家,最终在南非买到了 286 万只医用口罩，又飞回国内，由菜鸟的志愿者免费送到湖北和浙江的医院。世界各国，只要有口罩的地方，就有阿里志愿者的身影。

阿里健康的程序员目犍，看到恐慌的人们纷纷涌向医院，马上召集了十几个已经回家和在路上的同事，通宵在线工作，在大年初一完成了产品升级，帮助人们在线向医生问诊，短短几天就帮到 200 万人，降低了他们去医院交叉感染的风险。

钟南山院士号召大家少出门、少与人接触，于是，阿里旗下的菜鸟、盒马、饿了么等平台，火速普及了"无接触配送"；饿了么的高级算法专家闵伟，火速升级了自己研发的送餐机器人"赤兔"，让它可以长驱直入隔离区，"赤兔"送饭超过 10 万份，降低了送餐员们被感染的风险。

看到湖北医护女性用品紧缺的消息后，支付宝物资小组第一时间站了出来，为女性医护工作者购买了大量卫生巾和安心裤；支付宝的员工，还戴着口罩，在最短时间内开发出了"健康码"，极大便利了浙江省内的复工复产。

武汉动物园的饲料告急之际，盒马调用 500 斤小鲫鱼、200 斤小泥鳅给武汉动物园送去，并认养了两只河马。

阿里志愿者能有这样的表现，正是阿里创始人马云持之以恒地把"使命、愿景、价值观"融入阿里人的心中，最终带出了十万"阿里铁军"。

2. 对比（2）：文化价值观落地是个系统工程

马云是阿里的 CEO，别人都把 CEO 当成"首席执行官"，马云则把 CEO 看成"首席教育官"。

"教"的前提是"学"，马云一直热衷于学习党史。

2015 年是阿里巴巴集团创办 16 年。马云带着管理团队来到福建的古田会议会址。1929 年古田会议纠正的八大错误思想，在马云看来，对当前企业的发展也有借鉴意义，"历史给了我们解答，也让我们重新认识党与国家，不得不佩服伟人的远见卓识"。

三个月后，马云又带着 30 多名集团高层去往延安，参观了杨家岭革命旧址，听了一堂党史课。马云说，当时之所以去延安，是想去看看中国共产党是怎样在延安重建希望、重建信心、面对未来愿景驱动的，并从历史中学到可以反思的东西。

马云教育员工，一方面是持之以恒地发表振奋人心的演讲，另一方面是高度重视组织建设和制度建设，形成教育体系。

党员马云在创业的第二年，就在公司成立了党支部，2017 年党员人数达到 6000 多名。

阿里巴巴党委副书记吴航介绍："我们的党员平均年龄在 28 岁，呈现年轻化的特点。他们不爱被陈规旧则所束缚，为了调动其积极性，我们便想了这个创意。先在内网上发布'征集帖'，然后以互动方式在党员间自发开展，让他们自由组合、'个性化命名'。现已组建特色党支部、党小组 90 余个。"

阿里巴巴党委在多年的实践中，探索出了一套开放式、透明化的党组织竞争机制。

"各个党组织举办的活动面向全公司开放,当某一支部长期不开展活动或活动'不受欢迎'时,党员可以要求将组织关系转到活动开展得好、他所'喜欢'的党支部。集团党委依据各党组织在开展活动次数、参加人数,综合评定各党组织'活力指数',对活力不强的党组织及时责令整改提高。说得通俗点儿,就是可以'自由转会'!"

马云长期倡导"让公益成为一种生活方式",阿里通过各类社会公益活动,比如援建学校、环境保护、助力盲童等几十个不同方向,由党员牵头,员工自发组建,让党员带领员工在履行责任中践行党的宗旨和使命。

马云表示,阿里要努力给全国年轻共产党员树立一个标杆,要打造"全中国最出色的先进党组织"!卓有成效的党建工作,对阿里的发展有重要作用。在阿里每年评选的"优秀员工"中,党员占比在60%以上。阿里以党员为核心骨干,带领全体员工攻坚克难。

老党员马云曾亲自给阿里的党员上党课,他说,一个真正的共产党员应该是理想主义者和现实主义者的完美结合。他在讲课中5次"感谢所有阿里巴巴的共产党员和两万名员工";他还多次竖起大拇指,称赞阿里党员"你们了不起"!

2004年起,马云受电视剧《历史的天空》的启发,逐步建立了阿里著名的"政委"体系。政委是团队里的二把手,除了负责人力资源工作,更重要的是企业文化传承,激发人心中向善的力量。

马云经常说自己是阿里巴巴最大的"政委"。他设立"政委"的初衷,是要避免业务经理由于短期业绩压力而忽视价值观的行为。

阿里的"政委",还能将企业的关怀传达到各层员工,为员工们解决业务、思想、生活中的各种问题,他们往往成为员工的知心良友,能够有效提升队伍士气。

"政委"还在阿里员工的考核中充当重要角色。在阿里每个季度的员工考核中,对价值观行为标准的打分,占到总分值的一半,极大地影响着员工的升职加薪,这是企业价值观落地的制度保障。

2007年,随着公司越来越庞大,阿里还学习党的组织管理制度,成立了组织部,主要负责统筹管理公司高层人员。马云说:"我影响他们(指常在身边的高管),通过他们去影响组织部的人,让组织部的同事再去影响更多的人。"

阿里通过十多年的党建工作,通过"政委"体系,通过组织部,通过价值观考核制度,终于把企业价值观落了地。从这次"抗疫斗争"中,阿里人"客户第一,员工第二,股东第三""此时此刻,非我莫属"的价值观展现得淋漓尽致。

不论中外,大型组织都是科层制,科层制的优点是能"办大事",比如中国修了全世界一半以上的高铁,阿里把阿里云做到世界第三,华为把5G通信设备做到世界第一,靠的都是强大的科层制组织。

科层制的弱点是,时间长了,成员们被驯化成一颗颗螺丝钉,按部就班办事,丧失了全心全意服务用户的激情。

成功的"使命、愿景、价值观"教育,能让成员们不忘初心,保持住那份热情,积极主动地为用户"做小事"。

比如在革命战争时期,共产党的干部战士不管走到哪里,都要做两件事情:第一,缸满院净,给民众把水缸挑满,把院子扫干净;

第二，为村里的贫苦人民排忧解难。

有心人总结了一下阿里员工在疫情中为用户做的种种小事[1]：

UC的程序员，抱着孩子连夜敲代码，在浏览器上做出了细化到市级的"疫情实时地图"；

夸克的产品小二，参与开发一项查询产品，让人们轻松查到是否曾与感染者同乘高铁、航班，数百万人因此受益；

网商银行的程序员连夜加班，帮助180万处在疫情一线的小店降低利息；

远在山村老家的饿了么小二，每天开车上山顶找信号，在线支援前方，常常冻得缩在车里……

来看一段评价："阿里志愿者在疫情期间自发行动起来，这是阿里人特有的默契，只要有想法，就马上去做，无所谓职级、岗位，只要值得，自有人跟随。'一人发起，百人响应'这种事，在阿里巴巴，太常见了。"

阿里人的赤子之心，也体现在马老师的一个暖心举动里。2月25日早晨，武汉同济医院光谷院区收到一份特殊的外卖：几十份还散发着热气的奶茶，以及必胜客鸡翅。每份包装袋里都附带了一张简单的卡片，上面写着："医之大者，亦士亦侠！马云敬上！"

---

[1] 邢吟欢:《这个春节，阿里巴巴给武汉捐了10万员工》，载《观察者网》，2020-02-13

2020年十万阿里人齐心"抗疫",让我们知道,企业除了是冷冰冰、硬邦邦的商战机器,还可以是充满服务热情的活生生的生命体——这样刚柔并济的企业,有着最强的"反脆弱"能力。

3. 任正非深信理想使命的力量:站到世界最高点

华为和阿里一样,特别重视企业文化(使命、愿景、价值观)建设。

华为"人力资源管理纲要2.0"提出:人力资源管理的价值贡献,是让组织充满活力。要让组织始终充满活力,人力资源管理就要和文化结合在一起,要赋予员工远大的抱负和使命感,让员工有激情,能够从被驱动到自我驱动。通过重组员工的使命激情,通过愿景驱动来为组织作贡献,使所有员工朝着共同目标去努力。

曾有记者问任正非:"您认为华为的目标是什么?让员工满意,让政府满意,还是让世界满意?"

任正非回答说:"我们是想让社会满意、让人民满意,因为我们的最终目标是为客户服务。客户是谁? 65亿人民,可能将来在物联网上还会有更多的联接。所以我们矢志不渝的目的就是为客户创造价值,让人民满意。"

任正非曾对员工强调:"从南到北,从东到西,遍布在全世界各个角落的华为人,不论肤色,不论民族,不论语言,都有一个共同的声音,以客户为中心,成功基于奋斗。"

任正非关注"为客户创造价值",体现在方方面面:

任正非专注于主业,不赚快钱。2000年左右,有员工给任正非提建议:"随便要点儿地盖盖房子,就能轻松实现一百亿利润。"任正非一口回绝:"挣完了大钱,就不愿意再回来挣小钱了。"

任正非对华为的职责有明确的认知。他指出:"我们的职业操守是维护网络的稳定,这是与其他行业所不同的,豆腐、油条店等可以随时关掉,我们永远不能。"关于华为员工如何面对灾害,任正非有过明确指示:"当灾害、战争发生时,我们全力关注网络的基本稳定。捐赠是个人行为、个人心灵的洗礼,而且无需宣扬,我们在任何关键时刻,都要抓住事情的关键点。关键时刻不要喧宾夺主。"

任正非在这些年春节期间基本上都没有休息,经常前往非洲及亚洲尼泊尔等艰苦地区慰问员工。他对员工说:

"我们为什么要在艰苦的地区、艰苦的国家奋斗呢?我们是履行我们为全人类服务的承诺,我们立志'把数字世界带入每个人、每个家庭、每个组织,构建万物互联的智能世界'。为了履行这个承诺,我们无论在人迹罕至的高山、荒漠,还是在疾病流行、战火纷飞的地区,任何有人的地方都有华为的员工。我们不要怕一些人嘀嘀咕咕,我们是在造福人类,而不是威胁社会。他们心胸狭窄,不要与他们计较,影响了我们为人类服务的理想的前行。"

任正非近些年强调要抓精神文明建设:"公司前三十年,以'获取分享制'为基础的物质文明,促进了精神文明,使绝大多数骨干脱离了贫困。在此基础上,我们不可能以不断增加物质满足的方式来牵引,因为做不到,钱从哪儿来?我们一方面仍坚持过去的分享制不动摇,另一方面要加强精神文明建设。"

"只有精神文明,才能促进人们的使命感、责任感、奉献精神,才能建立一支铁的队伍。""解放战争时期,共产党的战斗力达到了高水平,其实就是精神文明建设。我们跟他们很像。现在华为公司经营状况好,但'胜则举杯相庆,败则拼死相救'共同奋斗的文化正在淡化。我们要有正确的价值观,为社会创造价值做出努力,人生才会感到无怨无悔。"

任正非强调,华为要激发人性中积极进取的力量。"古今中外所有做出成就的人,都有精神的渴求,苏格拉底、贝多芬、爱迪生、曹雪芹、乔布斯、梵高、达利……都是由责任和意义驱动的人生。物质激励的边际效用是递减的,使命和责任感牵引的动力是持久的、不断强化的。"

来看一位华为老员工的评价:"当年有那么多的优秀人才愿意加盟华为,第一是因为华为有理念,第二是因为华为两手硬:一手是钱,一手是愿景、目标、文化。仅有钱,企业走不远;仅有愿景,太虚,企业也走不动,人才不可能留下来。解决了待遇的问题,员工有了动力,这是硬的方面;解决了人的使命感的问题,让员工有激情,这是软的方面。"

华为的使命是,"把数字世界带入每个人、每个家庭、每个组织,构建万物互联的智能世界"。伟大的理想使命,意味着伟大的牺牲。

任正非说:

> 其实我们牺牲了个人、家庭,牺牲了陪伴父母……这些都是为了一个理想——站到世界最高点。
>
> 其实我这辈子很对不起小孩,我的两个大孩子,在他们小

时候，我就当兵去了，11个月才能回一次家。我回家的时候，他们白天上学，晚上做作业，然后睡觉，第二天一早又上学去了。其实我们没有什么沟通，没有建立起什么感情。小女儿其实也很艰难，因为那时我们公司还在垂死挣扎之中，我基本上十几个小时都在公司，要么就在出差，几个月不回家。当时为了打开国际市场，证明我们不是在中国搞腐败成功的，在国外一待就是几个月，小孩基本上很少有往来，很亏欠他们。其实小孩们都是靠自己的努力，自己对自己要求很高。

小女儿在中学的时候，每个星期要跳15小时舞，跳完舞回来才能做作业，晚上一点多才能休息。大学以后基本上做作业到晚上两点多钟，有时候做算法时会做到四、五点钟。小孩很热爱文艺，有人邀请她参加名媛会时，她跟爸爸妈妈商量说她要出席，当时我的态度是支持。因为如果打击这一次，未来她人生的其他路走不顺时，就会说爸爸妈妈堵了这条路，我们还不如挺身而出支持她，她想怎么办就怎么办。人家提出来，要照全家福，我第一个表态坚决支持，发表我们家全家福。我太太还以为我会躲闪的，我认为要支持儿女，都对不起儿女了，还不支持她一下？她好好去学习，自己掌握自己的人生命运。

财经作家叶檀曾向任正非提问："如果重来一次，您还想办华为吗？"

任正非回答道：

如果重来,真心不想再办华为了。为什么我和家庭儿女感情关系不好?我到国外一出差,几个月不回来,都是为了生存。有一次我和大女儿和儿子谈心:"爸爸没有从小照顾你们,对不起你们,但是爸爸努力奋斗给你们创造平台,你们觉得选择哪样?"他们说:"我们选择平台。"彼此就谅解了。

如果重新来一次,要跟着我老婆种地去,做长工,一到周末她就去种地,我跟着去,就是坐着那里玩。不会再创办华为。

华为消耗了我的生命,我没有孝敬好我的父母,那时我也没钱。我父亲去世,是因为在街上买了一杯过期的饮料,喝了拉肚子,去世了;我母亲没有手机,去菜市场路上被汽车撞死了,"子欲孝而亲不在",很难受。

第二,给儿女关心照顾也不够,小时候也没有跟儿女捉猫猫,这些是很欠缺的。但是已经走上这条不归之路,没想到这条路这么崎岖。开始想着我们做小一点儿,总是有希望的,没想到在这个领域,如果不能做到第一,第二是活不下来的。

叶檀回忆:"记得任正非在回答不想办华为时,他太太说,他不是愿意在家里过小日子的人,工作可能是他生命中最重要的事情,所有的乐趣都来自于此。家里人更了解,再来三十年,任正非还是工作。"[1]

阿里董事长张勇认为,工作和生活是一体的,这同样符合任正

---

[1]叶檀:《华为何为?(与任正非对谈纪要)》,载《叶檀财经》,2019-05-29

非的人生状态:"很多人讲的 Work Life Balance(工作与生活平衡)是不成立的,如果你真的想做成一件事情,Work 就是 Life,Life 就是 Work,这两者是融合在一起的。一个人没有任何限制的东西是思考,任何时候都可以思考,你在飞机上可以思考,你在洗澡的时候也可以思考。"

四、打造军队般的命运共同体

阿里董事长张勇有个观点:"这几年阿里发展相对比较顺利,我们有很多新同事加入。我也说实话,今天这些都不算什么,最重要的是逆境的时候,你有困难的时候,这家企业有困难的时候,有多少人还能坚定地在一起,这个决定了企业持久的生命力。"

华为在中美科技战中,遭受了美国的全力打压,逆境之时华为员工的表现如何呢?

1. 利出于一孔:专注集体利益

在华为的"心声论坛"上,有很多员工用工程师特有的平实的语言表达自己对公司的支持,充分体现了任正非所强调的"人的素质、技能与信心"。

@影切:透露一下,我们新项目已经确定全面采用海思自研核!不再使用 ARM。这场风波过后,哪怕 ARM 继续授权,我们也不再使用了。幸好兄弟部门一直在研究自己的CPU。

为了业务连续性已经加班一年多了,从来没有双休过,所有长假都是只休息一天。每天深夜到家。感觉对不住家人。感谢老婆的理解。本来这个月芯片投片以后准备端午节休息一下,带妻子出去玩儿几天,看来还得继续,机票已经退了。明天新的芯片紧急立项,接着干!累吗?累!但是自己想想,人的一生有几次这样的机会,可以冲在第一线。既然美国给了我们海思员工这样的机会,那就拼搏一把。

昨天领导开动员会,口头传达从海思高层确认的消息,我们是绝对不会屈服的,哪怕伤痕累累。没什么可说的,今天是周日,部门兄弟们全部都在!希望未来我可以骄傲地告诉我的孩子:你老子当年没怂!

@阳光灿烂:我是一名供应链老员工,我们早有准备,对自己的供应能力还是心中有数的。终于还是动手了。现在估计是掉点儿"肥肉",短期会艰苦一点儿,但是我们对自己的供应能力还是心中有数的。虽然现在很多人通宵达旦,但没有人说累,战斗力也比平时强很多。我在公司14年了,对公司有绝对的信心。时间在我们手上,不管一年、两年还是三年,通过所有华为人的努力,我们最终一定能领先世界。

@峨眉峰:没有了部门墙,外部压力让我们不断进步。

这几天处理连续性工作,一个深刻体会是在外部压力下,大家非常合作,非常团结,只要是连续性的事情基本没有人推诿,就算不是他的工作,你只要找到一个兄弟,他都非常主动帮你协调处理。

开会的时候大家都是群策群力,跨部门沟通也很顺畅,以前那种踢皮球、扯皮的现象突然没有了,推动一个事情非常非常高效,一下子还不太适应。

果然是老板说得很对，外部的压力可以让我们不断进步，内耗会让我们垮掉！

@喷喷喷321：流程跑得更快了。以前催流程特别慢，有的流程节点能卡在那里一周，现在公司处在关键期，流程一个小时催完，特别爽，公司文化太厉害了。大家很给力！

@暖暖的小太阳：近期，每天加班到很晚，周六周日也在加班。女朋友非常不理解。一直在抱怨和争吵。

上周美国制裁华为的新闻铺天盖地，很少关注新闻的她，也看到了相关报道。她主动问我，对于美国的制裁怕不怕，压力大不大；她还说，以后再不和我吵架了，做好我坚强的后盾和温暖的港湾，让我安心工作，为公司打赢美国这一仗作贡献。她也从娘家回来了。

女朋友的话让我很感动。我相信有这么多华为家属在身后默默加油，默默付出，我们齐心协力，公司一定会挺过这一关，再创辉煌！

@怎么这个也被用过：老婆说，晚上要吃好饭喝点儿汤再干活。

最近因A事件，前天周六晚上搞到半夜回去，昨天周日早上早饭时，60多岁的老爸跟我说，这个时候一定要好好跟着公司干，不拿工资也要好好干！

今天周一白天，给老婆发了微信，今晚还会比较晚回去，可能要到凌晨才能回去，老婆温馨地回了消息，晚上要吃好饭，喝点儿汤再干活。

还看到了很多其他同事家人支持的帖子，何愁我们不能打赢这一仗？

@下一刻下车：家人以前劝我离职，现在劝我不要当逃兵。

因为在异地工作无法照顾家庭，家属一直劝我离职，这两天的事情出了以后，家属反倒劝我不要做逃兵了。"人这辈子要有点儿骨气，你再坚持几个月，你这个时间离开感觉像逃兵。"

很早之前，任总说，上甘岭在心中，无论何时何地都是英雄。现在，上甘岭就在脚下，冲上去，守住阵地，我们就是英雄的华为儿女[1]。

华为员工为什么能和公司同甘苦、共命运呢？除了产业报国的共同信念、站到世界最高点的共同理想，任正非"利出于一孔"的理念也是一个重要原因。

"利出于一孔"这个概念源于齐国宰相管仲，他在《管子·国蓄第七十三》中说："利出于一孔者，其国无敌；出二孔者，其兵不诎；出三孔者，不可以举兵；出四孔者，其国必亡。"

任正非阐述过这么做的理由："我们坚持"利出一孔"的原则。EMT宣言，就是表明我们从最高层到所有的骨干层的全部收入，只能来源于华为的工资、奖励、分红及其他，不允许有其他额外的收入。从组织上、制度上，堵住了从最高层到执行层的个人谋私利，通过关联交易的孔，掏空集体利益的行为。20多年来我们基本是利出一孔的，形成了15万员工的团结奋斗。我们知道我们管理上还有许多缺点，我们正在努力改进，相信我们的人力资源政策，会在利出一孔中，越

---

[1]《华为员工内部信》，载《观察者网》，2019-05-24

做越科学，员工越做干劲越大。我们没有什么不可战胜的。"

2. 自古名将多爱兵：员工是战友

华为员工对企业"不抛弃不放弃"，还因为很多企业家把员工当成实现自己目标的工具，但任正非把员工当成生死与共的战友。

2008年，任正非分别与孟加拉、坦桑尼亚、刚果金、肯尼亚、巴基斯坦、阿富汗、利比亚的员工座谈，他强调："生命的危险也许发生在一瞬间，多数情况下，任何人都来不及及时保护你，你自己得小心。都是活生生的人，都是曾经跟我们并肩作战的战友，都是自己的同胞，突然就没有了，心里都是很沉重，很难受的。""当你遇到了意外，公司能赔偿你的只能是金钱，公司不能赔偿你的生命，生命是无价的。"

2009年8月，华为供应链派遣员工费思思遭到两名歹徒飞车抢劫，身体多处擦伤、左肩锁骨骨折。

任正非很快作出批示："我们已经全球化了，我们的中高级主管的手机要保持每周7天、每天24小时开机。我们不仅应帮助自己的员工，即使竞争对手，那些跟我们竞争得很恶劣的对手的员工，在危难之时，我们也应伸出援助之手。公司之间是市场关系、竞争关系，员工之间是人性关系。高山、冰原、沙漠……遇难时，都应及时帮一把。"

任正非告诉员工，不要心疼钱，遇到抢劫就举手投降，生命安全是第一原则。

任正非除了牵挂员工的生命安全，还关心员工的生活质量。他像员工的长辈那样，真诚叮嘱："别吃那么油腻，别那么懒，光睡长觉，生命在于运动，多交几个朋友，多一些沟通，多一些运动。""你们健康要靠自己注意饮食习惯及安全，加强锻炼，不出一身臭汗，谁能帮助你有一个好身体？"

华为习惯于从国内高价聘请厨师到海外驻地办事处，以照顾海外员工的饮食习惯，保障他们的身体健康。在很多国家，华为食堂都是当地的美食圣地。曾经有一次员工加班后，抱怨夜宵报销手续繁琐，任正非听后雷霆大怒，称管理部门多此一举，让员工受了委屈。

有人总结道，国民党军的军官习惯于说："兄弟们给我冲！"解放军的干部习惯于说："兄弟们跟我冲！"任正非鼓励华为人英勇奋斗，首先他要求自己不贪生怕死。

2017年任正非在泰国与地区部负责人、在尼泊尔与员工座谈时说：

这次有机会去了珠峰大本营看了看你们的站点，到5200米，我真的不行了，得慢慢地走，不敢快，英雄不是当年。我想到，你们把一根一根铁塔部件背上山的艰难。十几年前，公司在西藏墨脱开通"450"设备的一个站点时，王文征带领200名民工，背着拆开的各种部件，4天4夜翻过4座4000-5000米的雪山，风餐露宿，开通了墨脱的通信，为公司在中国保留了一个"450"设备西藏试验区作出了贡献。

来回是8天8夜，都是野外啊，想想都流泪了。

春节期间我去了拉美。以前都跑的是大国，体会还不足，这次跑的都是小国,深刻体会到了拉美员工的艰难。两个相邻国,应该一脚就迈过去了,因经济落后,没有直达飞机。结果要转三次飞机。每次飞 40-50 分钟,到一个机场等 2-3 个小时,再飞 1 小时;再转一次飞机,从下午飞,到第二天天亮才能到,而且全是经济舱。

公司允许我乘商务舱,比员工还好一些,乘坐头等舱差价是我自己支付的,陪同人员的机票等是我自己支付的,并非公司支付。公司文件中,只有病员才允许陪同。

接下来任正非对员工们做出了一个后来流传甚广的承诺:

我承诺,只要我还飞得动,就会到艰苦地区来看你们,到战乱、瘟疫等任何地区来陪你们。我若贪生怕死,何来让你们去英勇奋斗。在阿富汗战乱时,我去看望过员工……利比亚开战前两天,我在利比亚,我飞到伊拉克时,利比亚就开战了。

我飞到伊拉克不到两天,伊拉克首富告诉我:"我今天必须将你送走,明天伊拉克就封路开战了。我不能用专机送你,不安全,我派保镖送你。"结果前后一个大车队,十多名保镖,连续奔驰一千多公里,把我送上了最后一架飞机。

我鼓励你们奋斗,我自己也会践行。

"君以国士待我,我必国士报之。"这是华为员工在遭美国打压的关键时刻,选择抱团奋斗的一个关键原因。

五、学习党和军队的优良传统：自我批判

物理学家薛定谔指出："自然万物都趋向从有序到无序，即熵值增加。而生命需要通过不断抵消其生活中产生的正熵，使自己维持在一个稳定而低的熵水平上。生命以负熵为生。"[1]

简单来说，吃饭是熵增，运动是熵减，怠惰是熵增，奋斗是熵减，人生即奋斗。

2017年，任正非总结人的一生说："从幼儿园认字、弹琴，小学学数学，中学历史、物理，大学工程，又硕士、博士，考试前的不眠灯光……好不容易毕业了，考核又要打A、B、C，末位淘汰的挤压。熵减的过程十分痛苦，十分痛苦呀！但结果都是光明的。从小就不学习、不努力，熵增的结果是痛苦呀！我想重来一次，但没有来生。"

华为人以奋斗实现"熵减"，是改革开放四十年中国故事的缩影。我们来看一条精彩的网络评论：

"中美科技实力静态相比差距很大，这个得承认，但是追赶的时间远比普通人想象中更短。首先中国人太勤奋了，我们一线科技企

---

[1] 伊文：《思维模型：反熵增思维》，载《简书》，2019-01-04

业工程师平均每年工作时间是 2500 小时，美国的工程师只有一半，也就是说，美国科研人员、工程师在喝咖啡休息的时候，我们的人在拼命加班。"

"然后我们的效率也高。现在通信、电子、计算机等领域技术发展快，迭代也快，这就需要一线工程师具有很强的学习能力，谁先迅速消化新技术做出商业化产品，谁就能赢得先机。以华为为例，一个新技术对工程师的要求是 3 个月上手，6 个月成为熟练工，1 年就要求带团队——这种效率简直可以秒杀美国所有的科技公司。"

除了"长期坚持艰苦奋斗"，任正非还强调通过"自我批判"来实现熵减。

1. 以自我批判实现熵减

任正非说："我们提倡自我批判，但不提倡批判。为什么？因为批判是批评别人的，大多数人掌握不了轻重，容易伤人。自我批判是自己批评自己，大多数人会手下留情。虽然是鸡毛掸子，但多打几次也会起到同样的效果。"

"我们开展自我批判的目的也不是要大家专心致志地闭门修身养性，或者大搞灵魂深处的革命。而是要求大家不断去寻找外在更广阔的服务对象，或者更有意义的奋斗目标，并且落实到行动上。因为无论你的内心多么高尚、个人修炼多么超脱，别人无法看见，更是无法衡量和考核的，我们唯一能看见的是你在外部环境中所表现出的态度和行为，并通过竭尽全力地服务于它们和实现它们，使我们收获一个幸福、美好、富有意义的人生。"

自我批判要有个可对照的标准，华为制定了"干部八条"。任正非指出其中的意义：

"制度不可能完善到无懈可击，流程只有与认真遵守的人相配合，才会取得较大的价值和贡献。如果流程过于复杂，沉重的内部体系运转不动，其实是管理高成本，客户不可能为我们自己的高成本买单，那么可能只会以失败告终。历史上，很多世界级大公司倒闭，其实就是内部运作的极高成本，导致缺乏活力和竞争力，最后衰退。流程是用来运作的，当然目标是简单、及时、准确，绝大多数人遵守纪律就容易实现目标。""自律永远是管理的低成本，各级干部应把践行八条作为终生的座右铭，使我们的流程管理更加简洁、及时、准确。"

2019年初，任正非在回答央视记者提问时说："很多人想做百年老店，这是非常困难的，最主要的是要去除惰怠。曾经有首长说要总结一下华为公司的机制，我说首长您别总结，前20年是积极进步的，这10年是退步的，为什么？就是人们有钱就开始惰怠了，派他去艰苦的地方不愿意去，艰苦工作也不愿意干了。如何能够祛除惰怠，对我们来说是挑战。所以我们强调自我批判，就是通过自我批判来逐渐祛除自我惰怠，但我认为这并不容易，革自己的命比革别人的命要难得多得多。"

科幻小说《三体》有一句名言："弱小和无知从来不是生存的障碍，傲慢才是。"很多卓越企业家都有自我批判的习惯。

美的集团创始人何享健经常说，他最大的特点，就是敢于自我否定、不断变革。在2012年8月25日他退休的内部会议中，他再次阐述了这种理念以及他的心路历程，他说："你们以为我愿意变、我天生喜欢变？不是啊，是市场在变、环境在变，你不变不行。你们以为我做一个变化、调整很容易吗？我的每一个变化与调整，都是在改变我自己，改变的都是我过去做的决定。但是我就是敢于否定自己。"

曾经有记者问任正非："任总，华为公司的发展，你认为最核心的元素是什么？"任正非回答："自我批判。"

任正非曾对年轻员工说："我唯一的优点是自己有错能改，没有面子观。"孟晚舟曾表示父亲任正非的口头禅就是"面子是给狗吃的"，任正非不仅自己不注重面子，还在华为推广这一点，华为"坚持自我批判"的企业文化就是在针对面子、虚荣心——面子、虚荣心严重妨碍了事业的成功。

任正非说，20多年的奋斗实践，使我们领悟了自我批判对一家公司的发展有多么的重要。如果我们没有坚持这条原则，华为绝不会有今天。他全面总结了自我批判对企业的重大意义：

"没有自我批判，我们就不会认真听清楚客户的需求，就不会密切关注并学习同行的优点，就会陷入以自我为中心，必将被快速多变、竞争激烈的市场环境所淘汰。"

"没有自我批判，我们面对一次次的生存危机，就不能深刻地自我反省、自我激励，用生命的微光点燃团队的士气，照亮前进的方向。"

"没有自我批判，就会故步自封，不能虚心吸收外来先进的东西，就不能打破游击队的局限和习性，把自己提升到全球化大公司的管理境界。"

"没有自我批判,我们就不能保持内敛务实的文化作风,就会因为取得的一些成绩而忘乎所以,掉入前进道路上遍布的泥坑陷阱中。"

"没有自我批判,就不能剔除组织、流程中的无效成分,就无法建立起一个优质的管理体系、降低公司运作成本。"

"没有自我批判,各级干部不讲真话,听不进批评意见,不学习不进步,就无法保证作出正确决策和切实执行。"

"只有长期坚持自我批判的人,才有广阔的胸怀;只有长期坚持自我批判的公司,才有光明的未来。自我批判让我们走到了今天;我们还能向前走多远,取决于我们还能继续坚持自我批判多久。"

2. 只有强者才会自我批判,也只有自我批判才会成为强者

任正非曾提到一个典型的自我批判案例。2000 年 9 月 1 日,华为研发体系组织了几千人参加的"中研部将呆死料作为奖金、奖品发给研发骨干"大会。把研发中由于工作不认真、测试不严格、盲目创新等产生的呆死料单板器件,把那些为了去网上救火产生的机票,用镜框装裱起来,作为"奖品"发给研发系统的几百名骨干。当时研发体系来征求任正非对大会的意见,任正非就把"从泥坑里爬起来的人就是'圣人'"这句话送给了他们。[1]

2008 年,任正非对研发体系的员工们说:"我想,八年前的自

---

[1]《华为内部批判任正非十宗罪:任正非为何多次被处罚?》,载《蓝血研究》,2019-10-09

我批判大会，和八年后的这个表彰大会（中央平台研发部表彰大会），是有其内在的前因后果的。正是因为我们坚定不移地坚持自我批判，不断反思自己，不断超越自己，才有了今天的成绩，才有了在座的几千'圣人'。"

任正非还带头坚持"自我批判"。"别人说我很了不起，其实只有我自己知道自己，我并不懂技术，也不懂管理及财务，我的优点是善于反省、反思，像一块海绵，善于将别人的优点、长处吸收进来，转化成为自己的思想、逻辑、语言与行为……"

2017年，任正非在华为内网"心声社区"转发了一个呼唤离职员工回来的帖子：

"加西亚，你回来吧！孔令贤，我们期待你！2014年孔令贤被破格提拔3级后，有了令人窒息的压力，带着诚意离开了华为。周公恐惧流言日，更何况我们不是周公。是公司错了，不是你的问题。回来吧，我们的英雄。"

任正非还针对这件事开展了自我批判：

"为什么优秀人物在华为成长那么困难，破格3级的人为什么还要离开，我们要依靠什么人来创造价值？为什么会有人容不得英雄？华为还是昨天的华为吗？'胜则举杯相庆，败则拼死相救'，现在还有吗？有些西方公司也曾有过灿烂的过去。华为的文化难道不应该回到初心吗？我们要紧紧盯住优秀人物的贡献，紧紧盯住他的优点，学习他的榜样，这要成为一种文化，这就是哲学。"

一位70多岁的著名商业领袖，尚能如此真诚地反思自己，这给华为的全体员工树立了自我批判的榜样。

成就一番伟业很难，其中一大难点是主观意识如何符合客观实际，自我批判、有错就改是唯一的解决方案。圣贤不是不犯错，圣贤只是"不二过"。任正非呼唤，人人都通过自我批判，成为伟大的战士：

"自我批判是无止境的，就如活到老学到老一样，陪伴我们终身。学到老就是自我批判到老，学了干什么，就是使自己进步。什么叫进步？就是改正昨天的不正确。"

"自我批判，不是自卑，而是自信，只有强者才会自我批判。也只有自我批判才会成为强者。"

"担负时代命运的责任，已经落到了我们肩上，我们还有什么个人的小九九不能放下。任何一个时代的伟大人物都是在磨难中，百炼成钢的。矿石不是自然能变成钢，是要在烈火中焚烧去掉渣子，思想上的煎熬，别人的非议都会促进炉火熊熊。缺点与错误就是我们身上的渣子，去掉它，我们就能变成伟大的战士。在伟大时代的关键历史转折关头，跟上去，超过它，勇担责任重担，向着光明，向着大致正确的方向前进，作为伟大公司的一员，光荣、自豪。永远不要忘记自我批判，摩尔定律的核心就是自我批判，我们就是要通过自我批判、自我迭代，在思想文化上升华，步步走高，去践行人生的摩尔定律。英雄万岁，青春万岁，敢于改正错误缺点的人，青春永存！"

参考文献

一、研究华为的著作：

1.田涛，吴春波.《下一个倒下的会不会是华为》.北京：中信出版社，2017

2.吴春波.《华为没有秘密》.北京：中信出版社，2016

3.黄卫伟.《以奋斗者为本》.北京：中信出版社，2014

4.黄卫伟.《以客户为中心》.北京：中信出版社，2016

5.黄卫伟.《价值为纲》.北京：中信出版社，2017

6.吴晓波，黄灿.【德】约翰·彼得·穆尔曼.《华为管理变革》.北京：中信出版社，2017

7.王民盛.《华为崛起》.北京：台海出版社，2019

二、任正非文章与讲话（部分）：

1.《赴美考察散记》，1992

2.《不要忘记英雄》，1997

3.《我们向美国人民学习什么？》，1997

4.《建立一个适应企业生存发展的组织和机制》，1997

5.《华为的红旗到底能打多久？》，1998

6.《小改进大奖励》，1998

7.《创新是华为发展的不竭动力》，2000

8.《活下去，企业的硬道理》，2000

9.《一个职业管理者的责任与使命》，2000

10.《为什么要自我批判》，2000

11.《华为的冬天》，2001

12.《北国之春》，2001

13.《我的父亲母亲》，2001

14.《致新员工书》，2005

15.《上甘岭上不会自然产生将军但将军都曾经是英雄》，2006

16.《要快乐地度过充满困难的一生》，2007

17.《从泥坑里爬出来的人就是圣人》，2008

18.《谁来呼唤炮火 如何及时提供炮火支援》，2009

19.《深淘滩 低作堰》，2009

20.《开放、妥协与灰度》，2009

21.《干部要担负起公司价值观的传承》，2010

22.《一江东水向东流》，2012

23.《最好的防御就是进攻》，2013

24.《用乌龟精神追上龙飞船》，2014

25.《在蓝血十杰表彰会上的演讲稿》，2015

26.《决胜取决于坚如磐石的信念，信念来自专注》，2016

27.《华为的胜利也是人力资源政策的胜利》，2017

28.《方向要大致正确，组织要充满活力》，2017

29.《一杯咖啡吸收宇宙能量，一桶浆糊粘接世界智慧》，2007

30.《在攀登珠峰的路上沿途下蛋》，2018